国家智能制造服务国际科技合作基地资助
重庆现代商贸物流与供应链协同创新中心资助
电子商务及供应链系统重庆市重点实验室资助
中国博士后科学基金项目资助
重庆市青年科技人才培养计划项目资助

产业技术创新联盟
协调模式研究
——基于知识交互关系演化视角

龙 跃/著

CHANYE JISHU
CHUANGXIN LIANMENG
XIETIAO MOSHI YANJIU
—— JIYU ZHISHI JIAOHU
GUANXI YANHUA SHIJIAO

中国财经出版传媒集团

经济科学出版社
Economic Science Press

图书在版编目（CIP）数据

产业技术创新联盟协调模式研究：基于知识交互关系
演化视角/龙跃著 . —北京：经济科学出版社，2017. 7
ISBN 978 - 7 - 5141 - 8320 - 7

I. ①产… Ⅱ. ①龙… Ⅲ. ①产业 - 技术革新 - 研究
Ⅳ. ①F062. 4

中国版本图书馆 CIP 数据核字（2017）第 190843 号

责任编辑：李　雪
责任校对：徐领柱
责任印制：邱　天

产业技术创新联盟协调模式研究
——基于知识交互关系演化视角

龙　跃　著

经济科学出版社出版、发行　新华书店经销
社址：北京市海淀区阜成路甲 28 号　邮编：100142
总编部电话：010 - 88191217　发行部电话：010 - 88191522
网址：www. esp. com. cn
电子邮件：esp@ esp. com. cn
天猫网店：经济科学出版社旗舰店
网址：http://jjkxcbs. tmall. com
北京季蜂印刷有限公司印装
880 × 1230　32 开　7. 75 印张　165000 字
2017 年 7 月第 1 版　2017 年 7 月第 1 次印刷
ISBN 978 - 7 - 5141 - 8320 - 7　定价：40. 00 元
（图书出现印装问题，本社负责调换。电话：010 - 88191510）
（版权所有　侵权必究　举报电话：010 - 88191586
电子邮箱：dbts@ esp. com. cn）

前　言

　　《国家创新驱动发展战略纲要》《中共中央国务院关于深化体制机制改革加快实施创新驱动发展战略的若干意见》等指出创新是推动人类社会不断进步、国家和民族持续发展的重要力量，创新驱动发展之路是世界经济发展的必由之路。新常态下，中国经济结构转型和升级越来越依靠创新驱动。

　　产业技术创新联盟已成为推动传统产业转型升级和发展新兴产业的重要组织形式，其核心本质是一种新型的跨组织知识运作模式，知识资源对于推动产业技术创新起着基础作用，知识交互是联盟的主体活动和核心属性。产业技术创新联盟属于传统企业联盟的延伸，其知识交互具有产业导向的准公共性、生态演化等特征；在跨组织的知识资源配置过程中，知识交互的主体、关系及相关建模方法等还有待深入研究，知识交互关系的生态演化机理尚不完全清楚，知识交互对产业技术创新协调的影响机理有待厘清等，这些不足与问题制约了我国产业技术创新的发展，因此，通过基于知识交互关系演化视角研究推动产业技术创新相关的协调模式，就成为该领域一种亟须解决的问题。

本书融合知识管理、生态位等理论，结合产业技术创新存在的产业导向的准公共性等特征，分别构建了双轮驱动下的产业技术创新联盟知识交互关系模式和市场主导下的联盟知识交互关系模式，基于改进 Lotka – Volterra 模型，对联盟中不同主体知识交互关系及其演化过程进行了数理分析，结合数值模拟开展算例分析，揭示了产业技术创新联盟知识交互关系及演化机理，为下一步优化产业技术创新中知识资源配置奠定了基础。

在此基础上，基于知识交互关系及演化分析结论，本书融合经济学、运筹学、生态学等理论，分别考虑联盟中不同知识维度之间的交互关系，构建了 5 种产业技术创新联盟协调模式：即考虑存量知识共享，提出基于知识共享与利益分配的产业技术创新联盟协调模式；考虑存量知识共享存在的有限理性，提出有限理性下产业技术创新联盟协调模式；考虑存量知识与增量知识不发生转移时，提出基于两阶段知识共享的产业技术创新联盟协调模式；考虑增量知识与存量知识发生转移时，提出基于知识投入和转移演化的产业技术创新联盟协调模式；考虑增量知识、存量知识和联盟知识之间相互发生转移时，提出基于知识转移生态演化的产业技术创新联盟协调模式。

　　针对基于知识共享与利益分配的产业技术创新联盟协调模式，建立了基于 Cournot 模型拓展后的企业利润均衡模型和考虑贡献程度修正的 Shapley 分配模型，利用利润均衡模型对两企业在不同决策下的知识共享博弈过程进行了分析，利用分配模型对联盟成员的利润分配进行协调，以调整成员决策行为，并结合示例进行了验证，由此提出相关的协调策略；针对有限理性下产业技术创新联盟协调模式，将合作创新中决策分为坚持合作与中途违约两种方式，对比了两种创新方式下的利润情况，从演化博弈的角度分析了合作不溢出和合作溢出下的企业决策演化过程，并通过仿真算例进行了验证，由此提出相关的协调策略；针对基于两阶段知识共享的产业技术创新联盟协调模式，基于效用模型构建产业技术创新联盟知识共享的两阶段模型，从位势、激励等方面对知识共享效用进行了对比分析，并结合数值算例进行了验证，由此构建“自组织 + 他组织”的两阶段知识共享策略；针对基于知识投入和转移演化的产业技术创新联盟协调模式，通过融合 AJ 模型、Lotka – Volterra 模型等，构建基于知识投入和转移演化的产业技术创新协调模型，结合定性分析和算例验证，揭示了知识转移对知识投入及创新收益增量的影响机理，由此提出了通过协调投入知识和存量知识的交互关系，促进联盟成员及联盟的收益增量的策略；针对基于知识转移生态演化的产业技术创新联盟协调模式，基于改进柯布－道格拉斯函数建立知识投入产出效用模型和基于 Lotka－Volterra 构建知识转移生态关系模型，结合定性与数值算例分析，揭示了存量知识、增量知识、联盟知识之间生态关系演化机理，由此提出了协调投入知识、存量知识和联盟知识之间的生态关系，促进联盟成员及联盟的收益增量的策略。

本书提出的基于知识交互关系演化的产业技术创新联盟协调模式，较为全面地分析了不同知识交互关系及演化下的产业技术创新协调机理及模式，有利于提高跨组织的知识资源配置效率，为优化跨组织的知识资源配置提供了理论依据，进而为制定推动产业技术创新策略提供了新的建设思路。

在本书的写作过程中，得到了国家"智能制造服务国际科技合作基地"、电子商务及供应链系统重庆市重点实验室、重庆现代商贸物流与供应链协同创新中心等平台的支持。

我国的创新驱动发展战略仍处于逐步推进阶段，符合我国国情的产业技术创新理论研究范围、内涵以及模式等尚处于持续探索之中，加上本人研究水平、精力和时间等有限，因此，本书基于现有基础理论与方法开展了一些探索性研究，更多机理、模式、观点还有待实践检验，文中难免有不足之处，希望广大读者、学者、专家不吝赐教。

龙　跃

2017 年 7 月

目　　录

1

绪　论

1.1　研究背景及问题的提出

1.1.1　研究背景

近年来，随着全球经济一体化的不断推进和我国改革开放的深入，我国大量产业面临在全球价值链配置中处于低端位置、加工制造的人力红利不断减弱、大规模制造成本持续上升和国际竞争能力始终不强等问题，为改变这种状况，产学研合作得到了重视（如原国家经济贸易委员会、国家教育委员会和中国科学院共同组织实施"产学研联合开发工程"），但这类"产学研合作"还存在重复性研究、技术研究成本高、科技成果转化慢等问题，对提高整个产业技术水平的作用不大，组建产业技术创新联盟已成为推动传统产业转型升级和发展新兴产业的必然选择和重要的载体[1]。

自《国家中长期科学和技术发展规划纲要（2006～2020年)》发布以来，国家强化了科技创新的战略规划与政策制定，科技创新屡次被提到战略高度，党的十八大特别强调"要坚持走中国特色自主创新道路、实施创新驱动发展战略"，提出"科技创新是提高社会生产力和综合国力的战略支撑，必须摆在国家发展全局的核心位置"，要"建立健全鼓励原始创新、集成创新、引进消化吸收再创新的体制机制，健全技术创新市场导向机制，发挥市场对技术研发方向、路线选择、要素价格、各类创新要素配置的导向作用"。2016 年发布的《国家创新驱动发展战略纲要》指出我国在创新发展的战略目标是"2020 年进入创新型国家行列，2030 年跻身创新型国家前列，2050 年建成世界科技创新强国"。而构建和发展产业技术创新战略联盟，是加快建设以企业为主体的技术创新体系的重要内容，是有效整合全社会创新资源，打造产业技术创新链，提升产业自主创新能力和核心竞争力的内在要求和有效举措[2]。

从发达国家产业发展的历程来看，产业技术创新联盟对于推动产业的作用明显，得到广泛重视，并且发展迅速。如20 世纪 70 年代末，产业技术创新联盟在美国、日本、欧洲等发达国家和地区快速发展，美国国内及跨国性质的产业技术创新战略联盟数量年均增长率为 25%，已形成政府引导型联盟、工程研究中心和工业大学合作研究等多种模式；日本则通过科技立国战略、政府推进产学研一体化进程等举措，形成了技术研究组合、混合研究、技术标准联盟等多种模式。进入 21 世纪以来，世界范围内航空航天、制药、电子、计算机等领域的产业技术创新战略联盟数量每年均以倍数增长[3]，并形成了一批联盟典范，如日本的超大规模集成电路技术研究组合（VLSI）、美国的半导体制造技术联合体（SEMAT-ECH）等，这些联盟的构建与发展对于发达国家全面掌控产业技术、抗衡竞争对手、占领产业发展的高端乃至实现全球化资源配置起到了关键作用。

产业技术创新联盟是指由企业、大学、科研院所等机构组成，以提升产业技术创新能力为目标，以具有法律约束力的契约为保障，形成的联合开发、优势互补、利益共享、风险共担的技术创新合作组织，其核心本质是一种新型的跨组织知识运作模式，是提升产业核心竞争力的有效途径[1]。近年来，我国相继出台的《关于推动产业技术创新战略联盟构建的指导意见》、《关于鼓励产业技术创新联盟的实施意见（试行）》、《关于推动产业技术创新战略联盟构建与发展的实施办法（试行）》等系列政策，标志着我国将产业技术创新联盟正式纳入国家科技创新体系范畴，已建成的中国激光产业技术创新联盟、集成电路封测产业链技术创新战略联盟、非晶节能材料产业技术创新战略联盟、中国智慧城市产业技术创新战略联盟、中国汽车制造装备创新联盟、中国车联网产业技术创新战略联盟等数十家产业技术创新联盟涵盖了我国大量传统产业和战略性新兴产业，这些联盟的构建对于深化创新驱动发展战略，推动传统产业转型升级和加速发展战略性新兴产业发展起着核心作用，对于推动我国产业技术进步具有至关重要的现实价值。

1.1.2 问题的提出

产业技术创新联盟是对传统联盟的升华和拓展，近年来，随着创新驱动发展战略推进，作为后发国家，我国升级传统产业与发展新兴产业并存的态势使得产业技术创新的目标、行为、结构等形成了以下特点：

（1）产业技术创新联盟以产业技术进步和知识获取为目标，联盟合作创新的目标是偏重于成员竞争前的基础技术、共性产业技术或建立行业标准等[4]，知识资源对于推动联盟的发展和升级起着基础作用；

（2）产业技术创新致力于带动整个产业的技术发展和提升，强调联盟经济利益和综合社会效益，其产业技术创新行为呈现出产业导向的准公共性，相关创新成果具有一定的准公共物品的性质，政府对联盟资源（包括知识资源）配置发挥着重要的引导作用[5]；

（3）产业技术创新活动以获取产业核心技术的自主知识产权等为导向，联盟内不同类型的主体（除了企业、科研院所和高校等传统联盟成员，还包括政府）在技术、知识等方面的专业化分工优势是联盟缔结的基础，联盟为成员知识共享提供了更多机会[6]；

（4）企业是联盟的核心主体，但是目前我国还没有形成完全意义上的市场经济，政府这只"看得见的手"对产业技术创新联盟知识增长的作用就更显得重要而且必要。

由此可见，知识资源对于推动产业技术创新起着基础作用，知识交互是联盟的主体活动和核心属性。联盟中的知识交互属于跨组织的多主体交互行为，联盟通过构建知识链，协调知识流动方向和重点，以此推动产业技术创新；另外，联盟利用专业化分工与协作实现跨组织资源配置，其单个成员的存量知识、投入知识（即增量知识）会在多个相邻维度（如个体内部、成员间、成员与联盟间等）通过知识交互，构建知识链（甚至形成知识网络），以此优化知识资源配置和推动知识经济化。因此，如何通过协调联盟中各主体间的知识交互关系，推动其演化，以此优化联盟中跨组织的知识资源配置活动，就成为产业技术创新发挥绩效的关键环节之一。

从知识管理的视角来看，不同于资金、设施、设备等传统有形资源，知识作为一种无形资源和重要生产要素，在生产过程中会在单个成员内部以及联盟成员之间进行知识交互、知识转移、知识共享、知识创新等，形成知识生态系统并进行演化，其知识转移、知识共享等方面还存在以下问题。

1. 知识交互的主体、关系及相关建模方法等还有待深入研究

传统联盟中主体及交互关系研究一般采用博弈论开展，但是产业技术创新联盟属于一类特殊的联盟，联盟中知识交互行为表现出产业导向的生态演化等特征，联盟主体既包括传统联盟中的企业、高校和科研院所、中介组织，还包括政府。因此，联盟内各主体的知识交互行为更强调多主体的网状利益相关性，其相关的交互主体、策略、均衡等均发生了新变化。但各成员在知识交互中形成何种关系及演化均衡尚不完全清楚，相关的建模方法也有待进一步完善。

2. 知识交互关系的生态演化机理尚不完全清楚

联盟内各主体通过构建知识链，实现知识经济化和创新系统优化，不同主体在多个维度构建不同的知识链进行知识交互，形成知识生态系统；其交互过程是一个逐渐演化过程，由于各成员的成长环境、组织结构、资源配置等不同，在知识广度和深度、知识吸收能力等方面形成了差异，造成知识在传递、交换、共享、创新等过程中形成了障碍，影响了知识链的稳定性，导致知识链扭曲，甚至中断，知识交互容易形成低效率均衡，影响了联盟知识存量的增加等，难于推动知识生态系统向高层次演化和发挥知识存量协同倍增优势。因此，揭示知识交互关系的生态演化机理，有利于为制定提高知识链的稳定性策略提供理论依据。

3. 知识交互对产业技术创新协调的影响机理尚不清楚

知识作为一种重要的资源，具有无形性、外溢性等特点，联盟通过整合与投入知识推动产业技术创新，但由于各个知识拥有主体（如联盟、联盟成员等）的组织结构、成长过程、资源配置等不同，在知识存量、知识转移能力、知识转移意愿等方面形成了差异，造成知识交互关系演化的多样性，容易形成低效率均衡，进而影响了知识资源的配置效率，未能充分发挥跨组织的知识资源配置优势，因此，需要系统揭示知识交互对产业技术创新协调的影响机理，充分发挥跨组织资源配置对产业技术创新的优势。

综上所述，通过剖析产业技术创新联盟中知识交互主体、关系以及对创新效用的影响机理，进而揭示促进成员知识存量协同倍增效应，探索提高知识资源配置效率，促进利润增加就成为推进产业技术创新联盟发展中一个迫切需要解决的问题。

1.2　国内外研究现状与述评

针对上述研究背景、问题等，不难发现：产业技术创新联盟内部知识活动包括共享、转移、创新、投入等[3]。与此相关研究主要集中在产业技术创新联盟、知识交互关系、知识转移、知识共享、知识生态、知识创新等内容，以下分别对相关内容开展综述。

1.2.1　创新理论的相关研究

创新（Innovation）曾被译为"更新、创造或改变"等意思，也曾被认为是"发明"的同义词。"创新"一词最早是由美籍奥地利经济学家约瑟夫·熊彼特（Joseph Alois Schumpeter）在 1934 年《经济发展理论》一书中提出，熊彼特第一次将创新引入经济范畴。他指出"企业创新是将一种前所未见的关于生产要素的'新组合'导入生产体系的过程"，创新属于经济范畴而非技术范畴，其呈现的 5 种表现形式为：①开发一种新的产品；②采用一种新的生产方法；③拓展一个新的市场；④掠取或控制原材料或半制成品的一种新供应来源；⑤构建一种的新组织[7]。总的来看，熊彼特对"创新"概念的界定非常宽泛：包括各种以实现资源的高效配置的新活动，也包括企业生产、技术、管理等一系列过程，比如在技术、产品、工艺、市场和组织制度上的创新等。

　　熊彼特的创新概念得到广泛认同，大量学者以熊彼特的创新理论为基础进行了深入拓展，将创新研究细分为技术创新、管理创新、制度创新、商业模式创新等多个领域以及多个领域之间的交叉[8]，其中技术创新以产品工艺、市场等为创新对象。顾新（2005）在总结前人研究基础上，指出创新具有以下特征。①创新活动具有复杂性。创新的起源复杂多样，是在多种不同的社会因素、社会组织的相互影响与相互作用中产生和发展的，其运行过程要也要经历若干相互联系而又相互作用的阶段，受诸多内外部因素的制约和影响。②创新活动是技术与经济的融合过程。创新涉及研究开发、技术管理、组织、工程、设计、制造、营销、用户参与以及管理和商业活动等多方面、复杂的活动，存在着多重循环、往复、多组织的交叉。③创新主体之间学习具有很强的交互性。创新是多种学习过程的结果，随着创新的推进，越来越多的创新主体参与到学习过程，在创新过程中，创新主体之间（如企业与科研机构之间、企业内部各部门之间、供应商与生产商之间等）通过相互作用交互影响，并形成制度性程序和社会惯例[9]。

1.2.2 对产业技术创新联盟的相关研究

傅家骥提出技术创新是将技术变成商品并在市场进行销售获得受益的过程和行为,这一定义不仅指技术创新是技术本身的创新,更强调通过把与市场需求相吻合的科技成果投入到生产过程以此获得收益的过程,即把科技成果转化为生产力[10]。研究表明:技术创新可以从过程和要素组合两个层面上进行理解。在过程层面上,技术创新包括起点和终点环节,起点主要指以某个创新点进行构思,终点则指从新技术或新产品的研发成功到新产品在市场上实现自身价值、提高竞争力等;在要素组合层面上,技术创新主要是以企业资本、人力、制度和管理等创新主体拥有的资源投入为基础[11]。

产业技术创新联盟起源于战略联盟,战略联盟由美国DEC 公司总裁霍普和尼格提出,并将其定义为两个及以上参与主体为了降低生产成本、提高生产效率、获取竞争优势而组成的松散结构的组织,莫克勒(Mockler)将战略联盟应用到企业中[12]。企业建立战略联盟源于两个相关但又不同的动机:①获得其他公司的资源;②通过把企业自己的资源与其他企业的资源相结合,来维持与开发自己的资源[13]。随着技术升级换代的加快、技术竞争的日趋激烈和产品生命周期的缩短,企业必须以更快的速度、更高的质量完成技术创新与新产品研发工作，然而企业进行独立研发的成本越来越高、风险也越来越大，依靠单个企业的力量越来越困难，越来越多的企业将技术创新活动从企业内部化向内外部整合化转移。充分整合内外部研发资源，利用资源的社会化配置，实施合作创新逐渐成为学术界、产业界关注的热点[14,15]。通过合作创新，有利于提供补充性的知识、有助于在性能和成本之间取得平衡、有利于增进对顾客行为的理解，以对创新进行改进等；在合作研发期间，成员间的相互沟通交流或知识共享可以使得合作伙伴以很小的代价获得一些关键技术或关键问题的解决方法[16,17]。

伦德瓦尔（Lundval）将产业技术创新战略联盟定义为，基于产业成员在共性技术研发、产业化、技术市场化等方面的共同目标，产业内关联企业和非企业单位联合组建的，具有正式的组织形式和组织规则的具有战略意义的产业组织形式[18]。产业技术创新联盟的主体在组织上主要根据上下游产业链的特点呈现纵向一体化，研发活动一般在企业及相关组织之间完成；对于联盟对象主体，学者通过调查欧共体、中国等企业的联盟发现：联盟对象包括客户、制造企业、商务服务提供商、研究机构/大学、竞争者等价值链上的相关利益主体[19,20]。

由此可见，产业技术创新联盟反映的是一种体现在创新主体之间技术、知识等资源之间的交互关系。在产业技术创新联盟合作过程中，知识是联盟协调的最重要资源之一，而知识创新、知识交互已成为联盟成员取得竞争优势的关键环节[21]。

1.2.3 对产业技术创新联盟协调的相关研究

产业技术创新联盟的概念[1,3]表明：产业技术创新的核心环节就是通过对联盟内各种资源进行有效转移及整合，为联盟成员开展产业技术创新提供需要的资金、技术、人才、信息和知识等从而提高产业技术创新能力。作为一项战略举措，产业技术创新联盟的内涵、构建以及发展政策等方面得到了广泛的重视[1,22]。在产业技术创新联盟协调方面：日本经验表明政府可以通过立法、政策和计划经费支持产业共性技术和竞争前技术的研究开发；美国经验表明市场经济国家产业技术创新仍有赖政府有所作为；我国属于"后发"产业技术创新国家，产业技术创新需要在立法促进、利益分享和人际协调等三重驱动下实现协同优化[1]。李恒毅等以"有色金属钨及硬质合金技术创新战略联盟"和"半导体照明产业技术创新战略联盟"为对象，研究表明：在系统构建过程中，组织资源、网络资源、系统资源是相互作用、共同演化的关系。

网络资源对系统资源、组织资源形成产生正向作用；系统资源对组织资源、网络资源形成产生正向作用；组织资源对网络资源、系统资源既有正向作用，也有负向作用[23]。周青等研究表明产业技术创新联盟成员目标的不一致会加剧联盟的任务和过程冲突，联盟资源投入的不均衡性、联盟绩效考核和利益共享机制的不健全会加剧联盟的过程和关系冲突。信息沟通共享机制不健全则会加剧联盟的过程、任务和关系冲突，而文化同质性则可以缓和联盟任务、过程和关系冲突[4]。王发明等在分析焦点企业的内涵及其在产业技术创新联盟中的作用基础上，根据合作伙伴对联盟效益的贡献大小，利用 Shapley 值法对合作收益进行分配，形成了综合效益转移机制[24]。

　　由此可见，作为推动创新驱动发展的重要载体，产业技术创新联盟已成为一种重要的新型联盟形式，并处于不断完善中（尤其是结合我国产业技术创新的特点，需要系统、全面的开展研究），而从多个视角对其协调模式开展研究正得到重视（如基于供应链、战略联盟等视角，这些理论与方法为产业技术创新联盟协调研究奠定了一定基础）。但是，现有研究成果主要从较宏观的层面对其协调方式开展研究，对产业技术创新联盟中的各种关键要素（如技术、资金、知识等资源）、要素组合、相关结构等有待进一步细分，尤其是对于产业技术创新联盟中知识交互及相关协调模式研究不足，尚未发挥产业技术创新的跨组织整合及协同优势。

1.2.4 对知识交互的相关研究

知识是人们在改造世界的实践中所获得的认识和经验的总结[25]，是通过学习或经验获得的事实、技能和理解[26]。对于知识的属性国内外学者认识不一，如可转移性、聚合能力、专属性、获取的专业性（Grant，1996)[27]；可信赖性与可交流性等属性（Joshi et al，2007)[28]；隐性、困难程度和重要性（Jina et al，2010)[29]；语境依赖性、默示性、离散分布性、路径依赖性、收益递增性等特性（何自力，2010)[30]；知识的显性化程度、知识相关性以及集聚程度（胡海青等，2011)[31]。

知识交互主要包括知识存储（认知）和交互过程（行为)[32]，现有研究主要集中于后者，主要是指知识拥有主体（如知识工作者、组织等）之间信息和知识传递、交换、共享、创新过程。因此对于知识交互的相关研究包括知识交互关系、知识转移、知识共享、知识生态、知识创新等内容以及生态建模方法，以下分别对其相关内容进行综述。

1. 知识交互关系研究

随着知识经济时代的到来，知识已成为企业获得持续竞争优势的根本来源[33]。企业间竞争的焦点从基于传统资源的竞争逐渐转向基于知识与能力的竞争，知识作为一种特殊的资源逐渐成为产业技术创新联盟的最重要的资源之一。对于交互关系研究，博弈论现在几乎成为经济学家和管理学家的基本分析工具和共同研究语言[34]。博弈论在知识交互与共享中得到广泛应用[35]。随着研究的深入，新古典经济学的分析方法也在发生变化：从原先一般均衡理论的均衡分析转向博弈论的纳什均衡分析，进而又拓展为演化博弈的趋向均衡分析[36]。演化博弈认为群体中个体间的相互作用是一个关于他们所面对的局势（博弈环境与参与人状态）不断变化的动态过程，并且博弈局势与参与人行为相互依赖[34]。从知识交互与共享过程来看，由于组织本身的演化特征，以及环境的变化及组织不同激励手段的影响作用，组织的知识体系是一个不断变化的、动态的系统[37]，如刘臣等建立了组织内知识共享的单群体和多群体动态博弈模型，并分析了模型的进化稳定策略和稳定域[38]。

2. 知识转移研究

知识转移是知识传送给者将知识源传递给知识接收者且被后者加以理解、消化、融合及应用的过程[39]，也可以指一个实体的知识被其他实体获取的过程，这里的知识指能够被接收方解读或处理的信息[40]，是知识在人或组织之间有意识地交流[41]，组织间高效地知识转移是企业开展技术研发、新产品研制、服务创新的前提[42]。近年来，开放式创新逐渐成为创新行为的主流范式，国内外众多企业（如 IBM、苹果、百度、中国移动等）积极探索开放式创新模式，搭建应用创新工厂，实施开放式创新项目。如何在开放式创新下进行有效的知识转移已成为知识组织与管理研究领域中重要问题之一[43]。国内外学者对知识转移、开放式创新等方面进行了持续研究。在知识转移方面：组织之间的知识存量在不同系统之间的分布是不均匀的（即存在着非均衡性）[44]。势能的差距形成了知识转移的自然压力，使知识存量总是从高势能处向低势能处转移[45]。通过知识转移过程，组织可以获得以前该组织所不能获得的知识，增加组织的知识存量[46]。蒋樟生等构建了技术创新联盟知识转移决策的主从博弈模型，指出联盟存在和发展的前提条件是盟主企业的知识边际收益足够大，合作伙伴按照各自知识边际收益的比例结构转移其知识资本[47]。刁丽琳等针对由大学、科研机构与企业构成的战略联盟，采用大样本实证研究方法，深入分析了不同维度契约、信任对不同类型知识转移的直接效应和交互效应[48]。谢恩等指出企业间管理和技术的差异性是阻碍企业间知识转移的两个重要因素，提出选择适当的沟通媒介以及采用合适的控制机制可以降低差异性对知识转移的作用[49]。在开放式创新方面：韦斯特（West）等认为开放式创新不再把组织的创新活动局限在组织内部，而是跨越组织边界，寻找更多的机会，获取外部创新资源并对内外部创新资源进行有效整合[50]。"开放式创新"的核心是企业同时利用内部知识和外部知识来实现创新[51]。在开放创新环境中，产生大量开放知识并被积累，成为驱动创新的重要资源。彭林（Pénin）指出开放知识是企业等机构自愿披露的知识，强调自愿、免费以及向所有对象公开，包括科学出版物、学术会议、开源与互联网以及专利披露等途径[52]。然而，目前对开放式创新知识结构的系统研究还处于初级阶段[53]。

3. 知识共享研究

知识共享泛指知识拥有者（如个人、团队、组织等）向其他主体分享自己知识的过程，包括知识的贡献、传递和吸收等过程[54]，是知识管理的核心[55]，是联盟最终达到合作绩效的重要基础[56]。学者们从信息技术、行为科学、心理学等多个领域对知识共享开展了持续研究[57]。圣吉（Senge）认为知识共享是组织内成员间、团队间通过不断学习获得有效创造力的过程[58]。但团队或组织层面的知识共享研究完全植于员工知识共享的行为与动力[59]。知识是一种有价值的资源（特别是稀缺知识），知识共享有可能使自己处于收益或竞争中的不利地位，导致知识共享出现"囚徒困境"和逆向选择[60]。因此，从博弈方法视角，研究知识共享中的关系与决策得到广泛重视[61]，如陈东灵分析了知识团队中知识共享的纳什均衡和帕累托均衡[62]；肖灵机等建立了上下游参研单位产业知识共享演化博弈模型，指出参研单位选择知识共享策略与产业知识的可共享系数密切相关，当参研单位知识可共享系数不断变化，会依次出现多种演化稳定均衡[63]；施建刚等构建了个体激励和团队激励整合的知识共享激励模型，剖析知识互补性、冲突、个体激励和团队激励等相关变量之间的关系[64]；吴继兰等构建组织个体知识共享效用函数，探讨组织知识共享与组织激励投入、激励程度、激励差异化及个体效用差异的影响规律[65]。

4. 知识溢出与投入研究

国内外学者对联盟中的知识溢出与知识转移、知识投入等相关内容进行了持续研究。在知识转移与知识溢出方面：格里利谢斯（Griliches）指出知识溢出产生的额外知识增量是协同倍增效应的具体表现[66]。阿斯普勒蒙（Aspremont）等构建双寡头博弈模型（即 AJ 模型），指出足够大的技术溢出率可以激励企业合作创新[67]。古玛（Kumar）等指出合作知识创新容易产生不必要的知识转移和被内化[68]。法拉赫（Fallah）等区分了知识溢出与知识创新的概念，指出知识溢出是知识无意识的传播，知识转移则是知识在人或组织之间有意识地交流[41]，而知识转移过程往往伴随知识溢出。在知识投入方面：野中（Nonaka）等对知识投入成本进行了开创性定义，并构建了成本需求函数模型[69]。希佩尔（Hippel）等指出知识共享对于合作创新具有积极的价值，而知识溢出风险与合作创新价值并存[70]。蒋樟生等以知识转移效率为切入点，构建技术创新收益函数模型，得出知识转移效率与创新溢出效用的正反馈关系[47]。张庆普等构建知识生产模型，揭示了知识存量影响下的知识投入决策机理[71]。熊榆等构建Stackelberg博弈模型，揭示了资金投入和同时含有资金与知识投入下，合作者投入决策的差异[72]。刘纳新等构建利润分配的静态博弈模型，分别对收益共享比例、投入弹性、吸收能力和成本影响等因子进行了经济性分析[73]。格兰特（Grant）等指出由于受资源有限条件约束，联盟中的企业需要对通过研发投入形成不同程度的知识利用能力和知识创造能力进行博弈和决策[74]。那普雷泽侧（Numprasertchai）等研究表明合作研发比企业自身研发可以获得更大的知识深度和知识广度[75]。

5. 知识生态研究

随着研究的深入，学者对组织知识转移的研究视角逐渐向网络、生态等方面延伸，如网络邻近可以促使企业较方便地从其他联盟成员中获得新知识，促进知识转移绩效[76]。Chen等提出知识生态是在以知识为创新源的知识节点之间进行知识转移、流动而形成，知识生态通过影响创新组织的创新绩效来影响到其创新行为[77]。蒋天颖等构建了企业知识转移生态学模型，分析了知识个体、知识种群与知识群落间知识等不同制式转移的影响因素[78]。赵琨指出伴随移动互联技术以及社交网络平台等新兴通信渠道的涌现，企业内部关系网络不断得到强化，知识环境、内容、载体及渠道逐渐融合为一个有机整体，并呈现出类生态学特征[79]。布雷（Bray）将知识生态系统定义为一个动态的网络，它按照系统中人员的知识交互需求，在知识技术和知识转移的作用下，进行自上而下的知识交流，各成员最终在转移和结果间寻求合适的"位置"[80]。知识生态系统存在着由不同层次（员工、团队、组织）与不同性质（技术、经验、流程）的知识群落，这与自然生态系统中的生物群落存在相似的地方。知识在这些知识群落中的转移流动与自然生态系统中的能量和物质转化也具有一定的相似性[81]。克拉夫和盖林格尔（Krogh & Geilinger）指出知识生态系统由多层次"场"构成，"场"能跨越组织边界并持续演化[82]。

1.2.5 知识创新的相关研究

1. 知识创新的相关概念及特征

尽管学者们对知识的属性界定不一，但是达成普遍共识的是对知识的分类，即将知识分为隐性知识和显性知识（Po-lanyi，1958）。隐性知识由难以表达的信仰、隐喻、直觉、思维模式和诀窍组成，具有高度个体化和难以编码的特征；而显性知识则能够以编码的形式表达，便于传递、交流与分享（Nonaka & Takeuchi，1995）[83]。在此基础上，野中郁次郎和竹内弘高（Nonaka & Takeuchi，1998）提出了两种知识相互转化的知识螺旋运动模型，认为隐性知识比显性知识更加宝贵、更能创造价值，是企业竞争力的来源，而存在于这两种知识类型之间的相互作用和相互转化，是知识创新的源泉[84]。

在此基础上，学者们对知识创新的概念进行了界定，比较有代表性的包括：知识创新是指通过企业的知识管理，在知识获取、处理、共享的基础上不断追求新的发展，探索新的规律，创立新的学说，并将知识不断地应用到新的领域并在新的领域不断创新，推动企业核心竞争力的不断增强，使企业获得经营成功（野中郁次郎等，2006）[85]；知识创新是为了企业的成功、国民经济的活力和社会进步，创造、演化、交换和应用新思想，使其转变成市场化的产品和服务（Ami-don，1997）[86]；知识创新是通过科学研究获得的基础科学和技术科学知识的过程（路甬祥，1999）[87]。通过对比分析知识创造与知识创新的概念，不难发现知识创新是将所创造的、新的思想性的流程性知识具体应用于新产品的开发和生产过程之中（晏双生，2010）[88]。同时，知识创新形成了以下特征：①具有价值创新系统的特征，但不是价值链；②网络化的组织机构成为了知识创新的载体；③知识创新以合作战略，加强联盟为基础；④知识创新需以客户为导向；⑤知识创新不同于知识管理，创新的目的是成果应用（尹彦，2011）[89]。

综上所述，国内外专家针对知识、知识创新的概念、特征等进行了持续研究与探索，从理论上不断进行了梳理和修正，总的来说知识创新是由不同的创新主体，开展创新活动，并进行应用实践的过程，这一主线也体现出知识创新的研究脉络，以下对知识创新过程与影响要素、研究方法、机制进行综述，进一步梳理知识创新的研究思路。

2. 知识创新过程与影响要素

知识创新是一个动态的过程，是一个知识流动和资源重新配置的动态过程，是通过知识的激活、扩散、碰撞和整合，产生新思维、新方法，最终实现价值增值的过程（史丽萍等，2011）[90]。从微观的角度理解知识创新，可以通过分析科学发现、技术发明、知识创造、新知识首次应用等知识创新形式的过程来得到结论[91]。通过对比分析知识创新与技术创新的概念，不难发现知识创新与技术创新密切相关，借鉴技术创新过程的相关理论可以将知识创新的运行划分为五个阶段，即知识创新构思、知识创新构思评价、知识创新成果的研发、知识创新成果的商业化、知识创新的反思（王玉梅，2010）[92]。

为了揭示知识创新的具体过程，国内外专家进行了持续研究。SECI螺旋理论解释了知识转化过程[83]，但是由于知识创新的螺旋过程还具有多样化的特点，需要其他理论进行整合。为弥补这些不足，日本学者和波兰学者提出了空间知识创新理论，用以描述知识创新的复杂化、多样化过程[93]。随着对知识创新过程研究的深入，明确知识创新的角色显得尤为重要。

基于前文对知识创新概念、特征、过程等总结，不难发现：知识创新过程的主要角色是创新的主体与客体。知识创新的客体主要指前文提到的知识创新的内容、过程等，而知识创新的主体包括个体、团队、组织、跨组织等。在知识创新过程中，往往存在超主体边界现象，如所有知识都源于个体的头脑，再通过团队内个体间的知识交流，比如讨论和对话，形成团队层次的知识，然后通过进一步的知识检验，升华为组织知识（McElroy，2000）[94]。而随着全球化的进一步加深，企业如何处理与其他企业的关系越来越成为影响企业知识创新的重要因素，跨组织的知识创新正成为一种趋势（王彦博等，2011）[95]。

随着对知识创新主体与客体研究的展开，国内外学者围绕这两个核心探讨了影响知识创新的各种因素。由于知识创新主体与客体宽泛，影响创新过程与行为的因素涉及科学、技术、经济、社会、政策以及知识创新主体利益等（Inkpen，1998）[96]。而知识创新能力的关键在于组织文化，其中集体主义具有积极影响，而权力距离和不确定性规避则会产生消极影响（Wang et al，2011）[97]。胡海青等（2011）采用实证研究指出知识创新的四个因素对企业知识创新能力的影响程度大小为：知识吸收＞网络异质性＞知识共享意愿＞知识属性[31]。另外，创新主体的人格特性、创新氛围等对创新力也有重要的影响[98,99]。总的来说，知识创新要素可分为创造力和创新构成要素，前者包括成员构成、人格特性、创新氛围、信息沟通渠道、动机、外部信息，后者包括工作环境、内部动机、知识资本、外部信息和内部交流（吴杨等，2012）[100]。

综上所述，知识创新是一个复杂的过程，创新的主体、客体等受到多种因素影响，造成知识创新复杂化、多样化。这些影响因素可以归纳为两个方面：一是创新主体方面，如创新主体形成的环境氛围、文化、组织边界等；二是创新的客体，如知识的隐含性、复杂性等。总之，随着信息技术的发展以及对创新需求的增加，创新主体的边界变得模糊，创新活动呈现出区域化、复杂化、网络化、多样化等特性，影响知识创新的因素及联系变得越来越复杂，探究这些特征因素对创新活动的影响成为未来知识创新研究的重要趋势。

3. 知识创新的研究方法

为了揭示知识创新的机理，国内外学者根据知识、知识创新的特点、过程，从不同的视角，进行了研究。SECI 模型首先被提出来（Nonaka & Takeuchi, 1995）[83]，并由此说明知识创新是通过不同属性的知识（显性或隐性）和拥有不同知识内容的个人相互作用而产生的。这种社会认知过程有四种知识转换模式，即社会化（从个体隐性知识到团体隐性知识）、外在化（从隐性知识到显性知识）、组合化（从分离的显性知识到系统的显性知识）和内在化（从显性知识到隐性知识）。在其后续研究中又提出了企业如何创造组织环境促进知识创新的"场"（Ba）理论，旨在说明要为企业创造一种知识交流的环境，即从企业组织管理的角度出发，研究如何创造一个良好的企业组织环境来促进知识创新[84]。王晰巍等（2011）借助 SECI 理论，从系统内部及外部角度分析低碳经济下产业技术链的知识螺旋及知识创新结构，最后给出了低碳经济下产业技术链中的知识创新路径[101]。纪慧生等（2011）在 SECI 理论的基础上，构建了产品开发过程的知识创新模型，提出产品开发过程的知识创新双螺旋理论[102]。

但是 SECI 模型只是描述了知识客体演变运动的轨迹，而对于知识转移向知识创新这一主体——个人、团队、组织、跨组织等研究不足。而创新的主体与客体之间往往存在密不可分的关系，不可割裂，为此，学者们从不同角度对知识创新主体与客体融合下的创新过程开展了研究。如从生物学的视角，提出了知识创新中知识的生息特征，建立了知识创新的知识发酵理论，用以揭示组织学习和知识创新活动的核心过程，指导组织知识创新实践（和金生等，2005）[103]。从生物进化论的角度，提出跨组织知识创新进化模型，将跨组织知识创新网络分类为丰田网络和硅谷网络，并进一步讨论这两种典型网络在知识创新上的优势和挑战（王彦博等，2010）[95]。从系统动力学理论角度，建立知识创新运行的网络模型，强调关注整体而非局部，动态而非静态地分析各要素行为的变化，使知识创新活动得到持续良性的运行和发展（王玉梅，2010）[104]。从需求层次视角，引入 ERG 理论，建立知识创新 ERG 模型，分析需求层次的相互关系并细化各层次需求，以从内源性动机的视角构建知识创新激励机制（游静，2010）[105]。从仿生学视角，分析了"同血型"和"混血型"知识团队的生成过程，并建立了生成模型，分析了两类企业知识团队知识创新的机制，认为是由互馈机制、弥补机制、催化机制、保障机制、协同演化机制及控制机制组合而成（邹波等，2008）[106]。从复杂适应系统理论角度，认为理想的组织知识创造应该是一个复杂适应系统，继而基于系统的涌现现象动因和复杂性来源，提炼出主体适应性、主体间交互、系统开放性、标识、多样性和自组织共六点影响因素（金芸等，2009）[107]。从实证研究的角度，建立基于 BP 神经网络的研发团队知识创新绩效综合评价模型，并运用该评价指标体系和综合评价模型对样本团队的知识创新绩效进行模型仿真（何志国等，2009）[108]。从认知心理学角度，以基于共享心智模型的组织知识创新管理为研究对象，指出组织共享心智模型中的组织隐性知识共享水平与组织内在价值意义共享水平对组织知识创新能力的开发、组织知识创新战略的内在有机集成、组织知识创新成果的内部传播效率皆具有较显著的促进作用（龙飞等，2010）[109]。从物理学视角，发现知识创新的过程跟原子的跃迁过程有着很多相似之处，并提出知识创新具有"波粒二象性"以及知识创新存在能级跃迁现象的假设，尝试利用玻尔原子模型来解释知识创新（史丽萍等，2011）[90]。

综上所示，国内外学者从知识创新的主体与客体的角度，以及二者的融合角度，基于生物学、系统动力学、心理学、物理学等视角对知识创新机理进行了深入研究。不难发现，由于知识创新的复杂性、多样性、动态性等特征，借鉴其他学科的科学原理，从不同的角度探索知识创新的机理成为该方向在未来相当长一段时间内的重要研究思路。

4. 知识创新机制

通过不同的研究方法揭示了知识创新机理，在此基础上，大量学者基于不同的管理情境，具体围绕知识创新的主体与客体进行展开，提出了相关的激励与约束机制。如从供应链角度切入，结合供应链分配机制，提出了强化联盟内信息交互的知识创新激励措施（Kudyba et al, 2006）[110]。罗伯托（Roberto, 2009）等比较了企业独立承担创新投资与形成联盟共同降低创新成本两种策略，指出两种策略均对创新有益[111]。从系统的角度，运用协同机制管理方法，对团队知识创新过程进行整体分析，建立了协同机制在知识创新系统中的作用机理模型，根据对协同机制的静态特性分析和动态效应分析，发现协同机制促进了其各个子系统的运行，并在其中发挥了重要作用（吴杨等，2012）[100]。洪江涛等（2011）运用微分博弈，分析了它们进行价值链协同知识创新的动态决策过程，得出了一种帕累托最优的价值链上协同知识创新的情况，由此提出了相关建议[112]。然而，现有研究多数属于对创新主体的外部激励，忽视了对创新主体内部动机的研究，而知识创新主体需求存在多层次性，物质激励的劣势是在当其达到一定程度后具有递减的趋势（Osterloh et al, 2000）[113]，可以从内生源动机设计机制以激励创新[105]。同时，随着创新需求的增加，创新活动已从组织内部向组织之间转移，创新轨迹从线性向网络转移，如蒋翠清等（2006）探讨了企业知识创新网络的形成机理，分析了美国、意大利和日本等发达国家企业知识创新网络的连接机制；结合相关统计数据，现场访谈和问卷调查，指出了我国企业知识创新网络存在的问题，给出了建设中国特色企业知识创新网络的建议[114]。张玲等（2011）以社会网络理论为基础，对网络结构和知识创新过程进行二级变量分解，以长春汽车产业集群为例验证所提出的假设，指出了集群企业知识创新与其所处的社会网络有着密切的关系，提出了丰富网络结构中的节点，加强产学研实质性结合；扩充网络结构中的关系，解决产品条块分割现象等建议[115]。疏礼兵等（2012）针对现代制造企业的知识管理，从重组业务流程、建立知识挖掘机制、搭建知识共享平台、破解知识锁定效应等四个方面提出了现代制造企业流程知识创新和管理策略[116]。顾新建等（2011）对知识创新和大批量定制结合上进行知识管理及其方法的研究，指出尤其需要从研究依据（立足点）、影响因素（社会－技术特征）和方法选择进行系统结合，并提出了知识创新相关机制与方法[117]。

综上所述，国内外学者从供应链、行业知识创新网络、行业的知识创新方法等角度，围绕知识创新的主体、客体设计创新机制，并在个体、团队、组织、行业、区域、国家等创新主体内开展应用与检验。不难发现，针对具体管理问题，结合管理情境，将知识创新理论与方法，应用于管理实践，是对知识创新概念的具体诠释和升华，有利于推动知识创新研究的持续发展。因此，基于具体管理情境（如产业技术创新联盟存在的特点），结合知识创新理论与方法，以此提出知识创新机制激励与约束创新行为成为未来研究的重要趋势。

1.2.6 生态系统理论及建模方法的相关研究

近年来，生态系统理论已经在生态学领域取得了大量的研究成果，目前正在与管理学、系统科学理论相结合而升华为一门方法论学科，并已经广泛渗透到了企业管理、城市发展、知识管理等多个领域，用以解释特定系统内组成成分间相互影响的生态问题[118]。如孙冰等指出生态位的引入拓宽了研究视野和研究路径，运用技术生态位研究技术范式的变迁，是技术创新及其演化研究的有力工具[119]。孙晓华等指出技术生态位与市场生态位紧密的联系可以促进战略性新兴产业演化[120]。

在对生态系统理论的持续讨论中，生态位概念被引用最为频繁，该概念由格林内尔（Grinnell）于 1917 年提出[121]，他认为生态位是物种在一个特定的群落中所必要的地位和要求，这个地位取决于该物种和其他物种的关系；同时，生态位也反映了该生物种群在这个群落中所能占据的基本生活单位。哈钦森（Hutchinson，1957）基于格林内尔（Grinnell）的研究基础，在生态位概念中加入了 n 维超体积，在他看来，生态位实际上是一个多维的生态因子所组成的空间，该空间存在多个不受限制的生物物种[122]。奥德姆（Odum，1959）指出生态位是一种状态，是一个物种在生态系统或者群体中的状态，状态的好坏反映出该物种在生态系统中的适应情况以及为了生存所做出的特有本能反应。总的来说，生态位的概念一直被不同的学者从不同的角度、不同的方法进行持续探索，而研究的核心都是围绕着物种和生态环境之间存在的定性关系或者定量的解释，其核心是物种在生态系统中所处的状态或者地位[123]。

从国外对生态系统理论的研究来看，除了生态位概念之外，生态学的其他理论也被应用于产业集群、产业组织、区域经济、企业管理甚至城市规划中，如旁多（Pouder，1996）等基于生态理论基础，研究了产业集群中竞争和创新之间所存在的关系[124]。汉南（Hannan，1992）等为了描述企业作为一个种群所发生的演化过程，提出并建立了组织生态学，指出企业种群的演化过程就是一个合法化和竞争的生态过程[125]。弗朗西斯卡等（Francesca，1998）基于生态学方法研究了区域发展策略[126]。奥瑞克（Aurik，2003）等基于组织生态学研究了企业发展战略[127]。

国内对于生态学的研究兴起于 20 世纪 90 年代，主要体现在宏观、微观两个层面。宏观方面，如曾昭朝（2007）基于生态系统理论基础，提出并解释了市场生态体系概念[128]；王启万（2011）提出了品牌生态位理论，并对此进行了解释和展望[129]；何继善等（2005）提出了产业集群的生态学模型，在模型的基础上分析了生态平衡过程的演变[130]；刘天卓等（2006）在研究产业集群时，提出了产业集群呈现的生态属性以及行为特征[131]；于颖（2013）关注了产业集群中存在的协同进化[132]；唐建荣等（2015）为了研究生态位适宜度，对物流产业进行了系统的实证研究[133]。微观方面，如朱春全（1997）提出了生态位态势理论，并在此理论上进行了深入研究[134]；万伦来（2004）提出了企业生态位的评价方法，基于生态位理论制定了企业发展的评价体系[135]；边伟军等（2014）提出了针对企业群落的生态位测度体系[136]。生态位理论已经成为我国学者对生态系统理论进行持续研究中最常用的切入点。

在生态系统理论的建模方面主要围绕着两个方向：一是基于生态位理论进行建模研究；二是将传统经济管理方法与生态学进行融合建模。在基于生态位模型的研究方面。如郭燕青等（2015）在生态位模型基础上加入了弱化缓冲（WW-BO）算子，减少生态系统外部资源给生态系统内部因子带来的影响和波动，弱化了干扰因素，确保评价的结果准确可靠[137]；谢奔一等（2016）在研究企业生态位战略选择时，在生态位模型的基础上，加入了企业生态风险度的概念，企业生态风险度越高，则表明企业风险越大。而在制定权重的时候，则可以采用熵值法来确定[138]，杜媚等（2016）在研究物流产业竞争力评价时加入了生态位模型，在处理数据时，利用了熵值法确定指标体系权重，研究表明指标数据的熵值越大说明该指标对综合评价体系的影响就越大[139]。在传统经济管理方法与生态学建模进行融合方面，不同于传统采用主成分分析和聚类分析方法制定评价体系，通过引入生态系统理论中的生态位概念，将一个市场或者一个区域类比为一个生态系统，其生态因子将共同作用并影响整个生态系统。如商华（2014）等基于生态位模型，开展主成分分析和聚类分析，对辽宁省城市人力资源生态系统进行了系统的评价[140]；刘会新等（2015）基于生态位理论基础，构建了"资源—能力—地位"企业生态位评价体系，通过测算研究各大手机生产制造商的生态位宽度，给出赋值评价，进行排序、总结分析[141]；杜媚（2016）在研究物流产业竞争力评价时，通过构建生态位模型计算出各自的生态位宽度，并以此为基础，进行聚类分析和主成分分析,对长江中游城市群的 16 个城市进行了物流产业竞争力评价[139]。

随着创新驱动发展战略研究与应用的深入,生态系统理论与创新理论的融合发展得到广泛重视,创新系统、创新生态等理论不断得到拓展[142-144]。创新生态强调了创新活动的复杂性、动态性和非线性,是对已有的创新系统、协同创新、合作创新等理论的进一步整合和升级,代表了一种新的创新范式[145]。因此,不断拓展创新与生态理论的深度融合,拓展学科交叉理论与方法,已成为创新与创业管理领域研究与发展趋势。

在生态学中,Lotka – Volterra 模型(简称 LV 模型)由美国的阿弗雷德·洛特卡(Lotka)和意大利的维多·沃尔泰勒(Volterra)两位学者分别于 1925 年和 1926 年提出,该模型是研究生物群落中种间协同演化的经典模型,模型较好地描述了生物种群之间交互及演化关系。

随着研究的推进,该模型已被证明是对传统博弈论 Cournot 等模型的拓展。同时,由于该模型避免了传统博弈模型需要假设市场必须形成均衡和参与人为"理性人"等条件,更贴近于实际情况,且产业系统中的组织行为与生态系统的种群活动相似[146],鉴于该模型对主体之间交互现象的良好描述,逐渐被应用于经济管理中多主体之间的交互关系及其演化过程研究[147-150]。研究还表明:该模型能够良好描述自然界、经济管理等领域的主体交互及其演化过程,具有广泛适应性,逐渐被拓展到信息、知识、市场等领域的扩散、交互等研究领域[151 - 155]。

1.2.7 研究述评

综上所述,国内外学者在知识交互关系、知识转移、知识共享、知识生态、知识创新等方面的研究为本书开展知识交互及关系演化等研究提供了理论基础,而运筹学、生态系统、知识生态系统等相关建模与分析方法也为本书提供了方法借鉴。但现有研究还存在一些不足,值得深入研究,具体如下所示:

(1)通过分析现有联盟中知识交互关系的研究成果,不难发现:①现有针对知识交互的对象较多关注传统组织之间,少见对产业技术创新联盟中的政府、联盟等主体进行重新定位,开展知识交互研究;②现有针对联盟中知识交互行为的研究视角较多地关注动态性,少见对其生态演化性开展研究;③现有针对联盟中知识交互关系研究方法主要采用博弈论,少见基于生态学相关理论与方法,剖析不同生态关系模式及演化关系。然而,基于前文对产业技术创新联盟知识交互特征的分析,可以发现:随着该联盟主体种类的增加以及联盟内涵的延伸,不同于传统联盟成员交互关系,其成员交互行为除了具备动态性以外,还呈现出产业导向下的生态演化特征，知识交互行为中的交互主体、交互策略和交互结果均存在巨大差异，由此形成的交互关系模式逐渐向多元化发展，而现有研究成果尚未充分结合这些特征揭示产业技术创新联盟成员知识交互机理，未能充分发挥该类联盟成员由于知识交互形成的知识链优势。基于此，本书融合知识管理、博弈论、生态学等理论探寻与揭示产业技术创新联盟知识交互生态关系，剖析其发展机理，尝试为促进产业技术创新联盟知识链管理理论与方法研究、保障产业技术创新联盟稳健运营等提供新的思路，以此推动联盟及成员的知识存量增长，为产业技术创新提供理论借鉴。

（2）通过分析现有联盟中知识转移研究成果，不难发现：①现有针对联盟中知识转移的相关研究较多地将知识作为一个整体变量，少见对知识作维度划分，讨论联盟中多类知识的相互影响机理；②现有研究主要采用博弈论、实证研究等方法，虽然有学者开始从生态角度关注知识转移，少见结合产业技术创新联盟知识投入呈现的产业导向特征，剖析不同知识在生态系统中的生态位，对知识转移的生态演化开展研究。然而，基于前文对产业技术创新联盟知识性质、演化、均衡等特征的分析，不难发现：产业技术创新联盟投入知识具有一定的产业导向性，价值性与外生性更强，不同维度的各类知识会形成不同层次、相互关联的生态关系，其知识转移呈现出多态的演化特征，将对跨组织的知识资源配置效率影响较大，甚至形成低效率演化均衡，而现有研究尚未结合这一新特征协调各主体的决策，未能充分发挥知识资源的专业化分工与协作优势和释放协同倍增效应，这方面的研究还存在"缺口"，有必要对其展开深入剖析。基于以上分析，本书融合经济学、生态学等理论，结合产业技术创新联盟知识具有产业导向的生态演化特征，探寻与揭示产业技术创新联盟成员知识转移关系及演化过程，有望为优化产业技术创新联盟中知识资源的配置提供理论参考。

（3）通过分析现有联盟中的知识共享研究成果，不难发现：①传统联盟（或知识团队）中的知识共享研究较多地将知识共享作为一个整体进行研究，少见将知识共享作时间维度划分，对自组织和他组织相结合的知识共享过程开展研究；②从均衡视角研究知识共享决策得到了重视，但少见结合产业导向的准公共性特征，根据知识经济特征属性及价值对成员决策影响开展相关研究。然而，基于前文对产业技术创新联盟及其知识共享特征的分析，不难发现：该类知识共享呈现出产业导向的准公共性，既包括联盟成员的自组织，又包括联盟（或政府）对知识共享的他组织，两阶段共享中个体知识特征、联盟知识特征等因素所体现出的经济特性及价值对成员决策影响较大，可能形成多种均衡，甚至会削弱知识共享效用，而现有研究未能充分发挥该联盟中知识资源的社会化配置优势，有必要对其开展深入研究，找准协调的"着力点"。因此，本书综合考虑知识的经济特征和产业导向的准公共性，基于博弈论、准公共物品等理论，探寻与揭示联盟成员知识共享决策机理，有望为制定促进产业技术创新联盟中知识共享机制供理论依据和指导。

（4）通过分析现有关于知识创新过程与影响要素、研究方法、机制等研究现状，不难发现：从不同视角研究知识创新的主体、客体成为知识创新研究的普遍规律，而把握创新主体与客体特性展开深入研究成为未来发展的重要方向。总的来说，知识创新研究体现出以下特征，并因此预示了未来研究的方向：①知识创新的特征、方式等有待深化和完善。知识创新是一个复杂化、多样化的过程，在创新环境、主体、客体等相互影响下，呈现出不同的活动过程与形态，表现出不同的特征，现有研究虽然在此方向上进行了持续探讨，但是从不同视角对知识创新特征、方式等开展研究还大有可为（如在信息化环境下，这类活动逐渐呈现出网络化、多样化、复杂化等特征，知识的集成、转化等难度和要求更高）。因此，在此方向上值得深入研究。②需要进一步探讨揭示知识创新机理的新方法。综上所述，不难看出：学者们从生物学、系统动力学、心理学、物理学等视角，针对创新主体与客体的融合，展开了研究，但是随着信息技术、经济发展模式等快速发展，创新主体的边界变得模糊，创新客体变得多样化、复杂化等，导致准确揭示创新活动机理的难度增加，需要结合多个学科的知识、方法，从不同的视角对知识创新过程开展持续研究（如实验与实证研究相结合的方法，研究知识创新的影响因素及联系），揭示知识创新机理。③有针对性的知识创新机制需要持续探索与应用。前期研究成果表明：随着知识创新研究与应用的推进，逐渐形成了一些结合知识创新特点的机制，对其研究与实践起到了指导作用。但是知识创新的主体、客体宽泛，呈现出复杂性、多样性等特点，需要不断将知识创新的理论与方法在企业、产业、区域等不同范围内开展应用与检验，有针对性地提出知识创新机制，以此提升国家、企业的科研水平和综合实力，推动知识创新的可持续发展。

（5）通过分析现有联盟中的知识投入研究成果，不难发现：①现有针对联盟中知识投入、知识转移的研究较多将知识作为一个整体变量，少见对知识作维度划分，将投入知识作为一个中介变量研究多类知识之间的影响关系；②现有对于知识转移的研究视角更多偏重类似能量转移，少见从生态角度将存量知识、投入知识、创新利润纳入一个整体框架对知识转移开展研究。但是，基于前文对产业技术创新联盟知识投入特征的分析，不难发现：产业技术创新联盟知识投入过程中的转移行为将在多个知识维度产生作用（其知识转移包括存量知识转移和投入知识转移），表现出不同的生态关系和特征，其演化的不确定性将对知识量的变化影响较大，甚至形成低效率演化均衡，而现有研究尚未结合这一特征充分发挥该联盟中知识投入的协同倍增优势，这方面的研究还存在"缺口"，有必要对其展开深入剖析。基于以上分析，本书通过划分知识维度，探寻与揭示产业技术创新联盟成员知识投入中的转移演化机理，有望为优化知识资源配置，进而为制定推动产业技术创新联盟中知识投入机制提供理论参考。

（6）将生态系统理论与方法融合到其他学科有望拓展现有研究视角。国内外对于生态理论与其他学科交叉研究表明，基于生态系统理论基础，将生态位作为一个重要概念引入到其他学科，进行融合，把人类及其组织、决策、形态等类比为物种在生态系统中所表现出的群落、行为（或活动）、结果等，从生态系统中群落演变的视角分析社会问题（如产品在市场的演化、产业在区域的演化等）具有一定的先进性。其中，通过将生态系统理论与产业经济学相融合，国内外学者重新认识了产业在内部外部环境影响下的萌芽、成长、成熟和衰落的过程。而将生态系统理论中的生态位、生态适宜度以及生态位宽度等方法应用于产业发展的相关问题研究，有望拓展现有产业经济学的研究深度。

1.3 研究意义

步入新常态下的中国经济更需要增强产业技术创新的支撑作用，以促进经济结构优化和转变经济发展方式。作为后发国家，我国在开展产业技术创新过程还面临着产业技术、知识储备不足，未能充分发挥知识资源的社会化配置优势等问题，阻碍了其向纵深推进。本书的研究过程及研究结论对于推动产业技术创新具有积极的理论价值和实践意义，具体表现为：

1. 理论价值

（1）针对产业技术创新在主体、行为等方面呈现的新特征，本书将知识管理、生态学理论等进行嫁接，融合到产业技术创新中，扩大了传统产业技术创新的研究视角，丰富和拓展传统产业技术创新的有关理论内涵与外延；

（2）拟融合效用函数、AJ 模型和改进 Lotka – Volterra 模型等开展建模与仿真，探究通过知识交互构建知识生态系统，进而剖析跨组织知识资源配置对产业技术创新的影响机理，是对传统演化均衡建模方法研究的升华，也拓展了传统产业技术创新的研究方法；

（3）以产业技术创新为研究载体，提出存量知识、联盟知识、投入知识为主体的知识交互关系，通过对其中生态位的调节，给出了知识资源配置的相关路径，有望推进知识生态系统理论研究。

2. 实践意义

党的十八大提出"科技创新是提高社会生产力和综合国力的战略支撑"，本书紧扣经济发展的时代主题，研究基于跨组织知识资源配置的产业技术创新机理、模式，为推动我国产业技术创新发展和加速推进供给侧结构性改革提供理论、实证和经验支持，研究成果对于"健全技术创新市场导向机制，发挥市场对技术研发方向、路线选择、要素价格、各类创新要素配置的导向作用""把我国建设成创新型国家"等具有理论参考和广泛的应用价值。

1.4 研究内容、方法及思路

1.4.1 研究内容

本书的主要研究内容包括：

第 1 章，绪论。

结合产业技术创新联盟发展的背景，提出研究的问题，并阐明研究意义，综述了知识交互、知识转移、知识共享、知识生态等方面的国内外研究现状，进行了归纳和总结，形成基于知识交互关系演化的理论研究框架；在此基础上制定了本书的研究内容、方法和思路。

第 2 章，产业技术创新联盟知识交互框架及过程。

产业技术创新联盟知识创新是以企业、大学、科研院所等多种主体共同参与的新型创新活动。通过分析产业技术创新联盟知识创新的框架、过程、特点，综合考虑创新主体、客体、渠道、情境等影响因素，构建了产业技术创新联盟知识交互框架，描绘了产业技术创新联盟知识创新的知识交互过程。

第 3 章，产业技术创新联盟内知识交互关系及演化分析。

根据产业技术创新联盟的特点，提出了双轮驱动下的产业技术创新联盟内知识交互关系模式和市场主导下的产业技术创新联盟内知识交互关系模式等两种知识交互模式，并结合数理推导及算例分析，揭示了不同主体影响下的知识交互关系及演化机理，为产业技术技术创新联盟中知识资源的跨组织配置提供了理论基础。

第 4 章，基于知识交互关系演化的产业技术创新联盟协调模式设计。

将联盟中不同主体知识进行分类，归结为存量知识、增量知识和联盟知识，首先，考虑存量知识共享，设计基于知识共享与利益分配的产业技术创新联盟协调模式和有限性下产业技术创新联盟协调模式；其次，考虑存量知识与增量知识不发生转移时，设计基于两阶段知识共享的产业技术创新联盟协调模式；再次考虑增量知识与存量知识发生转移时，设计基于知识投入和转移演化的产业技术创新联盟协调模式；最后，考虑增量知识、存量知识和联盟知识之间相互发生转移时，设计基于知识生态关系演化的产业技术创新联盟协调模式，由此，确立了产业技术创新联盟协调模式的研究框架。

第 5 章，基于知识共享与利益分配的产业技术创新联盟协调模式建模与分析。

针对产业技术创新中构建的竞争性联盟，以 2 家同质企业组成的竞争性联盟为研究对象，建立了基于 Cournot 模型拓展后的企业利润均衡模型和考虑贡献程度修正的 Shapley 分配模型，利用利润均衡模型对两企业在不同决策下的知识共享博弈过程进行了分析，利用分配模型对联盟成员的利润分配进行协调，以调整成员决策行为，并结合示例进行了验证。研究表明：竞争性联盟成员在进行知识共享时，在引入联盟分配权的机制下进行收益协调，有利于缓解竞争性联盟中知识共享与利益分配的矛盾，促进各企业共同优化价值链，提高资源利用率，降低单位成本、增加利润。

第 6 章，有限理性下产业技术创新联盟协调模式建模与分析。

为探讨企业有限理性下的合作创新决策交互机理，将合作创新中决策分为坚持合作与中途违约两种方式，对比了两种创新方式下的利润情况，从演化博弈的角度分析了合作不溢出和合作溢出下的企业决策演化过程，并通过仿真算例进行了验证。研究表明：在企业有限理性下的创新决策演化过程中，合作创新主体吸收能力越强，越有利于整体利益的增加；适当调整合作违约金和利益分配比例，有利于控制合作研发中的机会主义行为，推动合作创新决策演进，提高资源社会化配置效益。

第7章，基于两阶段知识共享的产业技术创新联盟协调模式建模及分析。

结合前文提出的基于两阶段知识共享的产业技术创新联盟协调模式，为推动产业技术创新联盟知识共享的高效率均衡，综合考虑知识的经济特征和产业导向的准公共性，第一阶段，构建基于位势和效用的知识共享博弈模型，对比分析了联盟集中决策与分散决策下成员个体特征、联盟特征等因素对知识共享效用的影响机理；第二阶段，建立基于激励和效用的知识共享博弈模型，剖析了个体特征、联盟特征、联盟激励对知识共享效用的影响机理，并结合数值算例进行了验证，由此构建"自组织＋他组织"的两阶段知识共享策略，为推动产业技术创新联盟知识共享的高效率均衡提供了理论参考。

第8章，基于知识投入和转移演化的产业技术创新联盟协调模式建模及分析。

结合前文提出的基于知识投入和转移演化的产业技术创新联盟协调模式，基于生态位理论，将知识转移细化为投入知识转移和存量知识转移，通过构建基于 AJ 模型的知识投入利润模型和基于 Lotka – Volterra 的知识转移演化模型，结合定性分析和算例验证，揭示知识转移对知识投入及创新收益增量的影响机理。研究表明：知识转移系数对成员收益增量及知识转移演化均衡的影响较大，通过调整两类知识的转移系数，构建相互依存的共生关系，有望推动知识有效转移，促进成员知识存量增加，降低单个成员以及联盟知识投入量，提高知识资源的配置效率，增加成员及联盟的收益增量。

第 9 章，基于知识生态关系演化的产业技术创新联盟协调模式建模及分析。

结合前文提出的基于知识转移生态演化的产业技术创新联盟协调模式，为提高产业技术创新中知识资源配置效率，融合效用、生态位、知识管理等理论设计了基于知识转移生态演化的产业技术创新联盟协调模式，基于改进柯布—道格拉斯函数建立知识投入产出效用模型和基于 Lotka – Volterra 构建知识转移生态关系模型，结合定性与数值算例分析了联盟纳什均衡与帕累托均衡下的成员知识投入量，并揭示了存量知识、增量知识、联盟知识之间生态关系演化机理。研究表明：增量知识、知识转移能力系数、知识转移意愿系数等对成员知识转移演化均衡及投入产出效用的影响较大，通过以增量知识为核心动力，协调联盟中三类知识转移能力系数和意愿系数，构建相互依存的知识共生关系，有利于推进知识的有序增长，提高产业技术创新中的知识资源配置效率，促进成员及联盟效用的增加。

第10章，结论与展望。

在前面各章研究基础上，总结了本书的主要结论和创新点；对基于知识交互关系演化的产业技术创新协调研究作出展望的同时，明确了下一步研究的方向。

1.4.2 研究方法

本书以产业技术创新联盟中相关的管理实践问题为导向，融合知识管理、生态学、博弈论等理论对知识交互、跨组织知识资源配置等相关内容进行了研究，主要研究方法如下所示：

1. 归纳总结与对比研究相结合

综述、分析和归纳国内外产业技术创新联盟概念及协调模式、知识交互等研究成果，梳理出研究脉络，探讨知识交互与产业技术创新联盟协调模式的内在逻辑，总结相应的理论基础；对比分析产业技术创新联盟与传统联盟，找出该类联盟在发展要素、结构等方面的新特征及相关影响；

2. 理论研究与演绎分析相结合

基于战略联盟、知识生态系统、效用理论、博弈论等剖析跨组织知识配置对产业技术创新的影响，由此设计基于知识交互关系演化的产业技术创新联盟协调模式，即基于两阶段知识共享的产业技术创新联盟协调模式、基于知识投入和转移演化的产业技术创新联盟协调模式、基于知识转移生态演化的产业技术创新联盟协调模式。

3. 数理建模与模拟仿真相结合

结合产业技术创新联盟存在的新特点，融合知识管理、生态学等理论与方法等，对产业技术创新联盟中的知识交互关系及演化开展分析，揭示知识交互关系及演化机理；融合效用函数、AJ 模型、修正的 Lotka – Volterra 模型等，对基于知识交互关系演化的产业技术创新联盟协调模式进行分别建模，开展数理推导，采用 MATLAB 等软件进行模拟，探究产业技术创新存在的产业导向性、准公共性等特征对知识交互关系演化的影响机理，进而揭示对跨组织知识资源配置的作用机理，由此提出产业技术创新联盟协调模式。

1.4.3 研究思路

本书的研究技术路线见图 1.1。

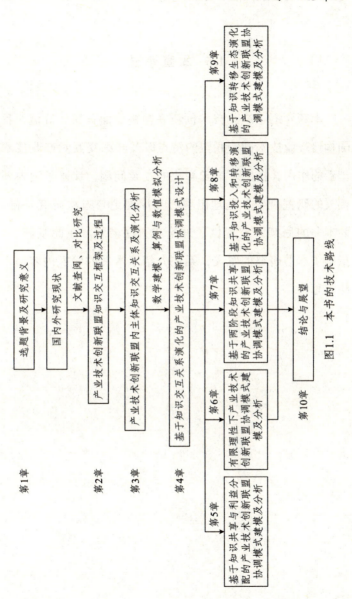

图 1.1　本书的技术路线

1.5　本章小结

　　本章介绍了产业技术创新联盟构建的背景、价值，我国构建产业技术创新联盟的特点以及知识交互对产业技术创新的作用，指出了需要解决的主要问题，综述了国内外相关的研究现状，梳理出现有支撑理论与方法研究基础，为本书的后续研究提供了理论与方法借鉴。在此基础上，指出了本书研究的意义，系统介绍了本书的研究内容、方法和思路。

2

产业技术创新联盟知识交互框架及过程

2.1 产业技术创新联盟知识交互框架

基于前人研究基础和产业技术创新联盟的定义，不难发现：与产学研联盟、战略联盟、研发联盟等传统合作组织不同，产业技术创新联盟目标及创新行为更聚焦于产业的基础性、关键性以及共性等问题，要求创新目标产业化，是一种需要持续改进的新型联盟，其知识交互过程受企业、大学和科研院所等多个主体以及内部、外部各种因素的影响。

基于此，结合前人对知识交互过程的研究成果，本章充分考虑创新主体、客体、渠道、情境等因素对知识交互的综合影响，绘制产业技术创新联盟知识交互的总体框架：至顶向下，依次分解为目标层、主体层、领域层、活动层和要素层（如图 2.1 所示）。

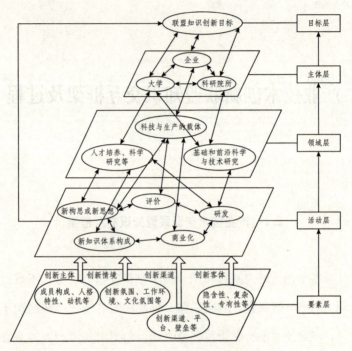

图 2.1　产业技术创新联盟知识交互框架示意

　　产业技术创新联盟中知识交互具体过程表现为：考虑到该类创新行为具有一定的准公共性，为推动产业技术创新，在政府引导下，以企业为主体，大学、科研院所等创新主体深度参与，共同将创新目标分解为多种关联任务（如人才培养、科学研究、技术创新等），开展基础研究（如科学研究等）和应用开发（如成果转化等），形成不同的任务团队，由此开展跨组织的分工与协作交互活动，其核心过程是各创新主体分别在各自领域开展专业化知识交互活动。基于技术创新与知识创新的天然相关性，这些活动在各个主体间具体可以分解为：新构思（或新思想）、评价、研发、商业化、新知识体系构成等环节。上述环节将受不同类型的因素（如创新主体、创新情境、创新渠道、创新客体等）及相互联系影响，随着创新主体数量的增加、创新活动交互性的增强，这些影响因素将越来越多，且相互之间的联系越来越复杂，呈现出系统性（如图2.1）。

由此可见，产业技术创新联盟知识交互的实质是：针对产业发展中的公共性、基础性、关键性问题，企业、大学、科研院所等多种创新主体采用协同创新方式，深化社会分工，发挥各自主体的知识资源优势，使创新客体（新知识）转换载体、形态，实现其价值增值（如知识质量、知识数量、合作绩效等增加）。通过这种战略合作，获得的知识交互成果有望在组织内实现知识沉淀，填补各成员的知识"缺口"，降低创新成本，提高知识获取效率，快速实现知识流动和增值，并最终达到"多赢"的合作目的。

2.2 产业技术创新联盟知识交互过程分析

结合前文对创新框架的分析，不难发现：在产业技术创新联盟知识交互过程中，各创新主体（或团队）通过持续创新和积累经验，调整其创新行为，推动知识的流动和创新，以此改变知识载体和状态，实现创新目标。基于前人研究基础[100]，为进一步探讨知识交互过程，考虑到创新过程的系统性，本章基于系统论，将产业技术创新联盟知识交互过程设定为一个系统，具体将其分解为输入输出子系统（如图2.2中①）、知识创造子系统（如图2.2中②）、支持与保障子系统（如图2.2中③）、反馈子系统（如图2.2中④）及障碍子系统（如图2.1中⑤）五部分组成，如图2.2所示。

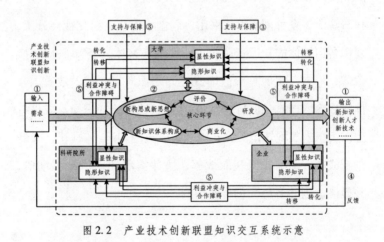

图2.2 产业技术创新联盟知识交互系统示意

图2.2中，知识创造子系统是上述五个系统中的核心环

节，主要完成不同主体间不同知识类型的转移或转化，如不同主体间隐性知识、显性知识自身的转移，以及两者之间的相互转化等，进而实现知识的构思、评价、研发、商业化、新知识体系构成等；

输入—输出子系统中输入系统主要指创新主体接受面向国家战略或者市场等方面的理论、产品、人才、技术需求；输出系统主要向创新主体提供可转化的知识产品、创新人才、新技术等；

支持—保障子系统主要指为了促进资源的有效聚集，搭建多种知识交互渠道、营造创新情境（如联盟文化气氛和创新条件等）等，为创新活动的有序进行提供必要的资源保障与行为协调等机制；

反馈子系统是联盟通过外部约束和创新结果来对企业、大学、科研院所的投入要素，以及创新行为等进行调整，以达到约束条件要求，将所发生的一切都转化为对自身有利的知识；

利益冲突与合作障碍子系统涉及创新主体、创新情境、创新渠道、创新客体等因素，集中表现出利益冲突与合作障碍，这些利益冲突与合作障碍是系统保障机制制定的重要依据。

由此可见，产业技术创新联盟知识交互活动可以分解为多个子系统，创新目标是各子系统相互协调的共同结果。因此，该系统能否充分实现协同创新效应是由系统内部各创新要素（如创新的主体、客体、渠道、情境等）及相互联系共同作用决定的。如果各创新要素以及由其组成的子系统间围绕创新目标，相互配合，协调运作，将有望保证系统达到良好的运行状态。否则，如果创新系统内部创新要素及子系统间彼此抑制、离散、冲突或摩擦，就会增加系统内耗，降低系统运行效率，弱化系统内各子系统的功能，影响产业技术创新联盟的知识创新。

2.3 本章小结

产业技术创新联盟知识创新是以企业、大学、科研院所、政府等多种主体共同参与的新型创新活动。本章通过分析产业技术创新联盟知识创新的框架、过程、特点，综合考虑创新主体、客体、渠道、情境等影响因素，构建了产业技术创新联盟知识交互框架，绘制了产业技术创新联盟知识创新的知识交互过程，为深度开展产业技术创新联盟内知识交互奠定了一定基础。

3

产业技术创新联盟内知识
交互关系及演化分析

基于前文对产业技术创新联盟、知识交互等相关文献的综述，不难发现：在产业技术创新联盟形成与壮大过程中，按照知识交互主体可以将组织知识交互模式分为两类：一是双轮驱动下的产业技术创新联盟内知识交互关系模式；二是市场主导下的产业技术创新联盟内知识交互关系模式；前者主要指在产业技术创新初期，当产业技术、知识储备不足时，通过政府引导，推动联盟知识、成员存量知识的增加，后者主要指当产业技术逐渐形成积累时，依托市场主体，开展知识交互。

对产业技术创新联盟中知识交互关系及演化的分析，将为构建产业技术创新联盟协调模式提供理论基础，以下分别对两种知识交互模式开展分析。

3.1 双轮驱动下的产业技术创新联盟内
知识交互关系模式研究

从博弈论视角来看，产业技术创新联盟中的知识交互关系是由交互主体、交互策略以及交互结果三个基本环节构成。从生态学理论视角来看，不同于传统联盟中的成员交互关系，产业技术创新联盟中的知识交互由政府引导和企业主导共同完成，属于双轮驱动，其成员之间存在着许许多多、错综复杂的知识转移、互补或替代等交互行为，形成多种相互影响、相互制约、相互依存的生态关系，加上交互主体存在初始状态、决策意愿等差异，以及知识的内隐性、溢出性等特点的影响，这些交互行为将共存或演化为不同的生态关系（如图3.1）具体表现为：

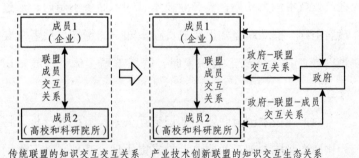

传统联盟的知识交互交互关系　产业技术创新联盟的知识交互生态关系

图3.1　产业技术创新联盟的知识交互生态关系演化示意

（1）交互主体。不同于传统联盟中知识交互主体，在产业技术创新联盟中，联盟的构建与发展是政府引导与市场主导的"双轮驱动"，因此其主体既包括传统联盟中的企业、科研院所、高校等价值链上的相关利益主体，还包括政府。

（2）交互策略。在产业技术创新联盟中，由于各主体在知识拥有量、知识广度和深度、知识吸收能力等方面存在差异，这些差异将影响各个成员实施不同的交互策略。这些交互策略体现在成员之间知识传递、共享、创新等过程中，由此形成各种关系模式。根据这些交互主体的差异可将联盟交互策略归结为：联盟成员交互关系、政府－联盟交互关系、政府－联盟－成员交互关系等三种生态关系。

（3）交互结果。不同交互关系模式下成员的知识交互结果各不一样，如在联盟成员交互关系模式中，往往通过知识转移或知识创新，促进交互方知识存量发生改变；在政府－联盟交互关系模式中，政府通过财政性资金投入，以补贴或者购买的形式，形成公共资源，帮助联盟形成知识储备，促进产业技术创新水平提高；在政府－联盟－成员交互关系模式中，通过政府引导，调节联盟成员之间的知识交互关系，并通过转移共性、关键等知识，增加联盟及成员知识存量。

3.1.1 理论基础、模型变量及假设

基于前文对产业技术创新联盟知识交互的生态关系描述，本章融合生态学、知识管理等理论分析联盟知识交互关系。本章涉及的联盟知识交互指在知识传递、交换、共享、创新过程中，相关成员知识交互行为及演化过程，以及知识储存（认知）的变化，是认知与行为的整合。结合先期研究基础[151]，表明 Lotka – Volterra 是对传统博弈模型的延伸，而知识交互关系及其演化过程与自然界中生物种群之间的关系及演化过程相类似，适合借鉴 Lotka – Volterra 模型描述联盟成员知识交互关系及其演化过程。

以下对前文描述的知识交互生态关系模式中的变量及假设条件进行讨论：

为方便讨论，联盟中（如图 3.1）用 x_z 表示政府，x_i 表示成员 $i = (1, 2)$，x_1 表示成员 1（如链条中的核心企业），x_2 表示成员 2（如链条中的高校、科研院所等），模型的变量如下所示：

n_{x_i} 表示 t 时刻成员 x_i 的知识存量初始状态（系统反映成员对知识的认知水平，是对成员知识存储的综合体现）；

Δn_{x_i} 表示 t 时刻成员 x_i 知识存量的变化量，其值大小代

表了成员 x_i 认知变化;

N_{x_i} 表示成员 x_i 不受其他主体影响下（即垄断情况下）的最大知识存量（这是一个宽泛的概念，包括知识拥有量、知识拥有的深度和广度[160]，代表了成员在原有环境下，认知形成的最大知识存量）;

α_{x_i} 表示成员 x_i 愿意交互的知识存量比例，反映知识交互诚意;

$\eta_{x_i x_j}$ 表示成员 x_i 知识存量增长过程中的知识吸收（或创新）能力系数（识别、获取、转化与利用外部知识，从而促使主体持续发展的能力[157,161]）;

r_{x_i} 表示不受外界条件影响下成员 x_i 知识存量的纯增长速度;

β_{x_i} 表示联盟内其他成员对成员 x_i 知识存量增长的影响;

∂_{x_i} 表示政府的协调变量，如政策、机制等;

根据产业技术创新联盟知识交互关系作如下假设:

假设 A 基于知识转移[78]等理论以及前期研究基础，联盟成员 x_i 的知识存量可能受到其他相关利益者（如政府、联盟成员等）的影响，分别用参数 ∂_{x_i}, β_{x_i} 表示，令 $\beta_{x_1} = \pm \eta_{x_1 x_2}$ $\frac{n_{x_2}}{N_{x_2}}$ （$\eta_{x_1 x_2} > 0$）（∂_{x_i} 类似），其中 $\beta_{x_1} > 0$ 表示促进作用。其中有 $0 < \eta_{x_1 x_2} < 1$，或者 $\eta_{x_1 x_2} > 1$，分别表示在知识存量增长过程

中，成员 x_1 知识吸收（或创新）能力较弱或者较强（即系数越大，知识吸收（或创新）能力越大）。

假设 B　由于知识存量 N_{x_1} 是某一阶段组织对知识资源的占有总量，是知识广度和深度的总括，具有时间性和空间性[43]，假定 $n_{x_1}/\alpha_{x_i} N_{x_1}$ 为知识存量的增长密度，$\alpha_{x_i} \in (0, 1]$，表示主体交互自己知识的意愿比例的阈值，假定成员都愿意交互自己知识，设定 $\alpha_{x_i} = 1$；由于知识存量的最大值有限，可知随着密度的变大，增长会遇到越来越大的阻力，速度逐渐减慢，当 n_{x_1} 与 $\alpha_{x_1} N_{x_1}$ 相等时，增长速度趋于 0。

假设 C　为简化起见，假定增长速度与阻力呈线性关系。用 r_{x_i} 表示瞬时时刻 t 的纯增长速度，此时的知识存量表示为 $\Delta n_{x_i} = r_{x_i} \cdot n_{x_i}$。

根据以上假设，t 时刻成员 x_1 知识存量增长模型可表示为：

$$\frac{\Delta n_{x_1}}{n_{x_1}} = r_{x_1} - r_{x_1} \cdot \frac{n_{x_1}}{\alpha_{x_1} N_{x_1}} = r_{x_1}\left(1 - \frac{n_{x_1}}{\alpha_{x_1} N_{x_1}}\right) \tag{3.1}$$

考虑到产业技术创新联盟中政府或者其他成员对知识增长的影响，以及知识交互不会削减原有知识，对 Lotka – Volterra 进行调整，具体修改为：

$$\frac{\Delta n_{x_1}}{n_{x_1}} = r_{x_1}\left(1 - \frac{n_{x_1}}{\alpha_{x_1} N_{x_1}} + \partial_{x_i} + \beta_{x_i}\right) \tag{3.2}$$

基于上述假设，以下分别对三种生态关系及其演化过程进行讨论。

3.1.2 知识交互生态学模型及演化分析

1. 联盟成员交互关系及演化分析

本章将该模式描述为：联盟的构建与运营属于完全市场行为，联盟中主要由企业、科研院所、高校等成员构成，根据产业技术创新的特点，联盟中包括核心成员 x_1（如企业等）和一般成员 x_2（如高校、科研院所等），两者的知识交互行为发生于基础研究和应用开发阶段等各个阶段，成员通过构建联盟以拓展自身知识存量，此时的知识存量的增长模型表示为：

$$
\begin{cases}
\dfrac{\Delta n_{x_1}}{n_{x_1}} = r_{x_1} \cdot \left(1 - \dfrac{n_{x_1}}{\alpha_{x_1} N_{x_1}} + \eta_{x_1 x_2} \dfrac{n_{x_2}}{\alpha_{x_2} N_{x_2}} \right) \\
\dfrac{\Delta n_{x_2}}{n_{x_2}} = r_{x_2} \cdot \left(1 - \dfrac{n_{x_2}}{\alpha_{x_2} N_{x_2}} + \eta_{x_2 x_1} \dfrac{n_{x_1}}{\alpha_{x_1} N_{x_1}} \right)
\end{cases}
\tag{3.3}
$$

由于知识增长速度 $r_{x_1} \neq 0$ 且 $r_{x_2} \neq 0$，则当知识增长达到均衡后，可得由知识存量 n_{x_1} 和 n_{x_2} 组成的二元一次方程组 (3.4)：

$$\begin{cases} \omega_1(n_{x_1},\ n_{x_2}) = 1 - \dfrac{n_{x_1}}{\alpha_{x_1} N_{x_1}} + \eta_{x_1 x_2} \dfrac{n_{x_2}}{\alpha_{x_2} N_{x_2}} = 0 \\[4mm] \phi_1(n_{x_1},\ n_{x_2}) = 1 - \dfrac{n_{x_2}}{\alpha_{x_2} N_{x_2}} + \eta_{x_2 x_1} \dfrac{n_{x_1}}{\alpha_{x_1} N_{x_1}} = 0 \end{cases} \quad (3.4)$$

求解方程组（3.4），可得如下均衡点（如图 3.2）：$A_2(\alpha_{x_1} N_{x_1}, 0)$，$A_3(0,\ \alpha_{x_2} N_{x_2})$，$A_4\left(\dfrac{\alpha_{x_1} N_{x_1}(1 + \eta_{x_1 x_2})}{1 - \eta_{x_1 x_2} \eta_{x_2 x_1}},\ \dfrac{\alpha_{x_2} N_{x_2}(1 + \eta_{x_2 x_1})}{1 - \eta_{x_1 x_2} \eta_{x_2 x_1}}\right)$。

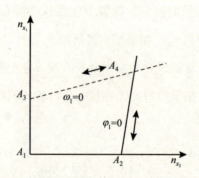

图 3.2　联盟成员知识交互关系及演化趋势

　　结合图 3.2 和假设 C，假定联盟成员知识交互诚意最大（即 $\alpha_{x_i} = 1$），对由直线 $\omega_1 = 0$ 与直线 $\phi_1 = 0$ 构成的知识交互演化路径进行经济解释，并对知识吸收能力系数、最大知识存量等对知识存量的增长及稳定态影响进行讨论：

　　①当 $\eta_{x_1 x_2} > 1$，$\eta_{x_2 x_1} > 1$ 时，成员交互后，直线 $\varphi_1(n_{x_1},$

n_{x_2}) = 0 上的点与 $\omega_1(n_{x_1}, n_{x_2}) = 0$ 上的点各自沿稳定条件演化，在 A_4 点汇合，并在该点达到稳定态。说明成员之间知识转移（或创新）的相互促进作用较大（即通过知识交互，成员 x_1 对成员 x_2 的知识存量增长影响较大，且成员 x_2 对成员 x_1 的知识存量增长影响也较大），容易形成互利互惠的共生关系，构建稳定的知识链。从知识接受者的角度来看，$\eta_{x_1 x_2}$、$\eta_{x_2 x_1}$ 反映出知识交互接受者接受知识的意愿和接受知识的能力，其取值大小是该交互关系向高效率均衡演化的重要条件。同时，稳定点的值 $\dfrac{\alpha_{x_1} N_{x_1}(1 + \eta_{x_2 x_1})}{1 - \eta_{x_1 x_2} \eta_{x_2 x_1}}$ 也表明知识传递者的知识拥有量、拥有知识的深度和广度有关，也是决定最终形成稳定态的关键因素。

②当 $\eta_{x_1 x_2} < 1$，$\eta_{x_2 x_1} < 1$ 时，成员交互后，直线 $\varphi(n_{x_1}, n_{x_2}) = 0$ 上的点与 $\pi(n_{x_1}, n_{x_2}) = 0$ 上的点互不影响，各自沿稳定条件演进，并在 A_2 或者 A_3 点达到稳定态。这表明双方知识转移（或创新）的促进作用较弱，即成员对成员 x_2 知识存量增长影响较小，且成员 x_2 对成员 x_1 知识存量的增长影响也较小，成员交互后，双方回到各自的初始状态 A_2 或者 A_3，特别地，当知识吸收能力系数较小时（即 $\eta_{x_1 x_2} \to 0$ 且 $\eta_{x_2 x_1} \to 0$），难于形成有效的知识交互。

③当 $\eta_{x_1 x_2} > 1$，$\eta_{x_2 x_1} < 1$ 时，成员交互后，直线 $\pi(n_{x_1},$

n_{x_2})＝0 上的点向 A_2 点演化，并在 A_2 点达到稳定态。这表明成员 x_1 对成员 x_2 知识增长影响较大，而成员 x_2 对成员 x_1 知识增长影响较小，这种非对称的知识交互行为，将导致知识链不稳定，最终将使得交互过程扭曲，甚至中断。

④$\eta_{x_1 x_2}<1$，$\eta_{x_2 x_1}>1$ 时，成员交互后，直线 $\varphi(n_{x_1}, n_{x_2})＝0$ 上的点向 A_3 演化，并在 A_3 点达到稳定态。这与③中的分析类似。

综上所述，联盟完全由企业主导时，在联盟成员知识交互过程中，联盟成员的知识吸收能力、最大知识存量等因素的对称性与互补性是联盟成员知识交互高效率演化、构建有效知识链的重要条件，是知识交互关系演化的重要动力。当联盟成员知识吸收能力、最大知识存量等方面等对称时，形成互惠共生关系，可以构建高效的知识链，促进对方知识存量增长（如情况①）；反之，如果上述因素相互影响较小或不对称，知识交互缺乏有效动力，容易导致知识链不稳定，造成知识链扭曲，甚至中断（如情况②③④）。

同时，在知识交互过程中，上述知识存量初始状态 n_{x_1}，n_{x_2} 反映出主体对知识的认知程度，目前，我国处于传统产业升级与发展新兴产业并存的态势，面向产业联盟关键、共性技术的知识储备还不足（即 N_{x_1}，N_{x_2} 较小时），在没有其他机制激励下，知识存量增长的动力不足，在演化均衡点 A_4 的知识存量较小，无法支撑产业技术的快速发展。同时，如果成员知识交互诚意 α_{x_i} 在（0，1]区间变化时，稳定状态将变得比较复杂，这里暂不讨论。

另外，对比分析企业技术创新与产业技术创新行为，不难发现：产业技术创新是针对产业的共性、关键技术与知识开展创新，具有一定的产业导向性和公共属性特征，联盟中除了企业主导，政府影响作用也是非常重要的，以下对政府引导下的交互行为进行分析。

2. 政府—联盟知识交互关系及演化分析

本章将该交互关系描述为：该交互方式由政府引导（如联盟构建初期，产业技术、知识等储备不足），在共性以及关键技术、知识方面存在"缺口"，联盟 x_l 本身没有知识存量，政府 x_z 通过购买知识，向产业技术创新联盟 x_l 转移知识，如果没有政府 x_z 对整个产业链技术、知识的布局、转移，联盟 x_l 的知识存量（即公共的产业知识）增长空间会减小，增长速度会下降，并逐渐趋近于 0（即联盟没有存在的必要）。因此，如果在市场中只依靠联盟 x_l 的自由发展，其知识存量的增长速度计为：$\Delta n_{x_l}/n_{x_l} = -r_{x_l}$；（其中 x_l 可由联盟中的优势企业充当，Δn_{x_l} 表示联盟成员 x_1 或 x_2 在政府资助下（或者政府购买下），形成面向联盟成员开放的公共知识），考虑到政府 x_z 对联盟 x_l 的促进作用，将模型修改为：$\Delta n_{x_l}/n_{x_l} = r_{x_l}(-1 + \partial_{x_z})$；同时考虑到联盟 x_l 自身知识存量密度对知识增长的影响，将模型修改为式（3.5）：

$$\frac{\Delta n_{x_l}}{n_{x_l}} = r_{x_l}\left(-1 - \frac{n_{x_l}}{\alpha_{x_l} N_{x_l}} + \eta_{x_l x_z} \frac{n_{x_z}}{\alpha_{x_z} N_{x_z}}\right), \quad \eta_{x_l x_z} > 0 \quad (3.5)$$

另外，政府通过引导不同类别的成员开展产业技术创新（如我国实施的国家重点基础研究发展计划和重大科学研究计划等），联盟知识的增加，又促进政府管理水平和知识的增加，知识存量增长速度得到提高，增长模型修改为公式（3.6）：

$$\frac{\Delta n_{x_z}}{n_{x_z}} = r_{x_z}\left(1 - \frac{n_{x_z}}{\alpha_{x_z} N_{x_z}} + \eta_{x_z x_l} \frac{n_{x_l}}{\alpha_{x_l} N_{x_l}}\right), \quad \eta_{x_z x_l} > 0 \quad (3.6)$$

当两者知识增长达到均衡后，有方程组（3.7）成立：

$$\begin{cases} r_{x_l}\left(-1 - \dfrac{n_{x_l}}{\alpha_{x_l} N_{x_l}} + \eta_{x_l x_z} \dfrac{n_{x_z}}{\alpha_{x_z} N_{x_z}}\right) = 0 \\[2mm] r_{x_z}\left(1 - \dfrac{n_{x_z}}{\alpha_{x_z} N_{x_z}} + \eta_{x_z x_l} \dfrac{n_{x_l}}{\alpha_{x_l} N_{x_l}}\right) = 0 \end{cases} \quad (3.7)$$

根据前文推导，将均衡条件表示为由知识存量 n_{x_l} 和 n_{x_z} 组成的线性方程组（3.8）：

$$
\begin{cases}
\omega_2(n_{x_l}, \ n_{x_z}) = -1 - \dfrac{n_{x_l}}{\alpha_{x_l} N_{x_l}} + \eta_{x_l x_z} \dfrac{n_{x_z}}{\alpha_{x_z} N_{x_z}} = 0 \\[4mm]
\varphi_2(n_{x_l}, \ n_{x_z}) = 1 - \dfrac{n_{x_z}}{\alpha_{x_z} N_{x_z}} + \eta_{x_z x_l} \dfrac{n_{x_l}}{\alpha_{x_l} N_{x_l}} = 0
\end{cases}
\tag{3.8}
$$

求解二元一次方程组（3.8），均衡点分别为：$A_2(0, \ \alpha_{x_z}$

$N_{x_z})$，$A_3 \left(\dfrac{\alpha_{x_l} N_{x_l}(\eta_{x_l x_z} - 1)}{1 - \eta_{x_l x_z} \eta_{x_z x_l}}, \ \dfrac{\alpha_{x_z} N_{x_z}(1 - \eta_{x_z x_l})}{1 - \eta_{x_l x_z} \eta_{x_z x_l}} \right)$（如图 3.3）。

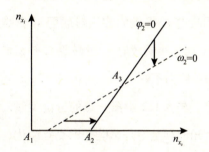

图 3.3　政府 – 联盟知识交互关系及演化趋势

结合图 3.3 和假设 B，假定联盟成员知识交互诚意最大
（即 $\alpha_{x_i} = 1$），直线 $\omega_2 = 0$ 与直线 $\phi_2 = 0$ 反映出两主体知识增
长相互影响下的演化路径，对其进一步分析可得知识交互演
化规律和稳定态：

①当 $\eta_{x_l x_z} > 1$，$\eta_{x_z x_l} < 1$ 或 $\eta_{x_l x_z} > 1$，$\eta_{x_z x_l} > 1$ 时，直线 φ_2
$(n_{x_l}, \ n_{x_z}) = 0$ 上的点与 $\varphi_2(n_{x_l}, \ n_{x_z}) = 0$ 上的点相互促进，向
A_3 点演进，并在 A_3 点形成稳定态。这表明政府 x_z 提供的知

识对联盟 x_l 知识增长起到了促进作用。特别地,当 $\eta_{x_l x_z} > 1$,$\eta_{x_z x_l} < 1$ 且 $\eta_{x_l x_z} \eta_{x_z x_l} < 1$ 时,表明政府 x_z 通过引导,促进联盟 x_l 知识存量的增加,形成政府对联盟的偏利共生关系,容易形成稳定的知识链。

②当 $\eta_{x_l x_z} < 1$ 时,成员交互后,直线 $\varphi_2(n_{x_l}, n_{x_z}) = 0$ 上的点向 A_2 演进,并在 A_2 点形成稳定态。这表明政府 x_z 投入(如政府提供购买服务)对联盟 x_l 的知识转移(或创新)促进作用小,即政府 x_z 提供的知识对联盟 x_l 影响较小。特别地,当 $\eta_{x_l x_z} \rightarrow 0$ 时,表明政府 x_z 对联盟 x_l 知识增长没有产生作用,政府服务能力不够。

综上所述,与 3.1.2 中第一点的讨论类似,知识吸收能力系数、最大知识存量等是影响知识交互演化、构建有效知识链的重要因素。在产业技术创新中,既包括成员的私有知识,也包括促进产业发展的公共知识,当联盟成员需求与产业发展方向不完全相符时,知识交互动力不足,知识链将扭曲、甚至中断,影响联盟知识存量的增加,对于产业技术知识的系统储备以及重点创新可能存在"缺口"(即如②中 $\eta_{x_l x_z}$,$\eta_{x_z x_l}$ 较小);此时通过政府引导,在考虑企业利益的同时,通过引入外在动力,兼顾企业创新需求与产业技术创新需求,构建偏利共生关系(调整 $\eta_{x_l x_z}$),促进产业技术创新联盟知识转移和知识存量增加。同时,如 3.1.2 中第一点的分析类似，这里暂不讨论 α_{x_l} 变化对知识增长演化影响。

上述讨论分析了政府如何作用于联盟知识存量的增加，另外，在产业技术创新联盟中，政府行为如何进一步作用到联盟成员，激发成员的动力，协调构建有效知识链，实现成员知识存量扩容，也是非常重要的，以下对政府—联盟—成员交互关系及演化分析进行分析。

3. 政府—联盟—成员交互关系及演化分析

本章将该交互关系描述为：该交互方式是政府引导与企业主导的双轮驱动模式。结合前文及 3.1.2 中前两点的分析可知：考虑知识吸收能力、最大知识存量等因素下，联盟及其成员知识存量的变化如方程组 (3.9) 所示：

$$
\begin{cases}
\dfrac{\Delta n_{x_1}}{n_{x_1}} = r_{x_1} \cdot \left(1 - \dfrac{n_{x_1}}{\alpha_{x_1} N_{x_1}} + \partial_{x_l} + \eta_{x_1 x_2} \dfrac{n_{x_2}}{\alpha_{x_2} N_{x_2}} \right), \quad \eta_{x_1 x_2} > 0 \\[3ex]
\dfrac{\Delta n_{x_2}}{n_{x_2}} = r_{x_2} \cdot \left(1 - \dfrac{n_{x_2}}{\alpha_{x_2} N_{x_2}} + \partial_{x_l} + \eta_{x_2 x_1} \dfrac{n_{x_1}}{\alpha_{x_1} N_{x_1}} \right), \quad \eta_{x_2 x_1} > 0 \\[3ex]
\dfrac{\Delta n_{x_l}}{n_{x_l}} = r_{x_l} \cdot \left(-1 - \dfrac{n_{x_l}}{\alpha_{x_l} N_{x_l}} + \eta_{x_l x_z} \dfrac{n_{x_z}}{\alpha_{x_z} N_{x_z}} \right), \quad \eta_{x_l x_z} > 0 \\[3ex]
\dfrac{\Delta n_{x_z}}{n_{x_z}} = r_{x_z} \cdot \left(1 - \dfrac{n_{x_z}}{\alpha_{x_z} N_{x_z}} + \eta_{x_z x_l} \dfrac{n_{x_l}}{\alpha_{x_l} N_{x_l}} \right), \quad \eta_{x_z x_l} > 0
\end{cases}
$$

$$(3.9)$$

其中，∂_{x_l} 为政府与联盟知识交互下 [变换后如式 (3.10)]，为产业共性或关键提供支撑的联盟知识，该知识具有一定的准公共性。以下进一步分析其交互关系，剖析这类知识将对联盟成员知识增长的均衡性、知识存量的变化的影响机理：

$$
\begin{cases}
\dfrac{\Delta n_{x_1}}{n_{x_1}} = r_{x_1} \cdot \left(1 - \dfrac{n_{x_1}}{\alpha_{x_1} N_{x_1}} + \eta_{x_1 x_l} \dfrac{n_{x_l}}{\alpha_{x_l} N_{x_l}} + \eta_{x_1 x_2} \dfrac{n_{x_2}}{\alpha_{x_2} N_{x_2}} \right), \; \eta_{x_1 x_2} > 0, \; \eta_{x_1 x_l} > 0 \\[3mm]
\dfrac{\Delta n_{x_2}}{n_{x_2}} = r_{x_2} \cdot \left(1 - \dfrac{n_{x_2}}{\alpha_{x_2} N_{x_2}} + \eta_{x_2 x_l} \dfrac{n_{x_l}}{\alpha_{x_l} N_{x_l}} + \eta_{x_2 x_1} \dfrac{n_{x_1}}{\alpha_{x_1} N_{x_1}} \right), \; \eta_{x_2 x_1} > 0, \; \eta_{x_2 x_l} > 0 \\[3mm]
\dfrac{\Delta n_{x_l}}{n_{x_l}} = r_{x_l} \cdot \left(-1 - \dfrac{n_{x_l}}{\alpha_{x_l} N_{x_l}} + \eta_{x_l x_2} \dfrac{n_{x_2}}{\alpha_{x_2} N_{x_2}} \right), \; \eta_{x_l x_2} > 0 \\[3mm]
\dfrac{\Delta n_{x_z}}{n_{x_z}} = r_{x_z} \cdot \left(1 - \dfrac{n_{x_z}}{\alpha_{x_z} N_{x_z}} + \eta_{x_z x_l} \dfrac{n_{x_l}}{\alpha_{x_l} N_{x_l}} \right), \; \eta_{x_z x_l} > 0
\end{cases}
$$

$$(3.10)$$

对式（3.10）的讨论推导可以转变为政府影响下，通过促进联盟知识存量的增长，进而影响联盟成员知识交互关系及演化的推导，这与前文中对方程组（3.3）的讨论过程和结果完全相同。该关系模式形成均衡后，联盟成员知识增长的均衡点如图 3.4 所示：

式（3.10）及图 3.4 中，在政府的引导下，成员 x_1 知识增长的外部影响因素 $\beta'_{x_1} = \eta_{x_1 x_l} \dfrac{n_{x_l}}{\alpha_{x_l} N_{x_l}} + \eta_{x_1 x_2} \dfrac{n_{x_2}}{\alpha_{x_2} N_{x_2}}$，由于 $\eta_{x_l x_1} > 0$，所以始终有 $\beta'_{x_1} > \beta_{x_1}$，则均衡点 A'_4 形成的知识存量一定高于图 3.2 中均衡点 A_4 的知识存量。式（3.10）及图 3.4 综合

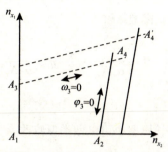

图 3.4 政府—联盟—成员交互关系中成员知识增长演化趋势

反映出：由政府、联盟、成员构建相互依存的"互惠共生 + 偏利共生"的生态关系，兼顾了"集体理性"与"个体理性"，政府将服务对象作用于联盟，引导并形成准公共资源（即面向联盟成员开放），以此与联盟成员进行知识交互，有利于形成服务产业发展的知识链，提高联盟知识存量，发挥政府的公共服务与调控作用，这也将吸引更多地企业、高校和科研院所参与联盟，有利于保持联盟的稳定性。另外，与前文中的分析类似，这里暂不讨论 α_{x_i} 变化对演化影响。

以上讨论了产业技术创新联盟中 2 个成员与政府引导下的知识交互关系及演化趋势，不失一般性。当联盟中的 $i(i = 1, \cdots, n)$ 个成员进行知识交互时，本例可进行推广，即式（3.10）中的成员知识增长模型被修改为：

$$\frac{\Delta n_{x_i}}{n_{x_i}} = r_{x_i} \cdot \left(1 - \frac{n_{x_i}}{\alpha_{x_i} N_{x_i}} + \sum_{j=1}^{n} \eta_{x_i x_j} \frac{n_{x_j}}{\alpha_{x_j} N_{x_j}} \right), \; \eta_{x_i x_j} > 0$$

$$(3.11)$$

联盟知识增长模型修改为：

$$\frac{\Delta n_{x_l}}{n_{x_l}} = r_{x_l} \cdot \left(-1 - \frac{n_{x_l}}{\alpha_{x_l} N_{x_l}} + \sum_{i=1}^{n} \eta_{x_l x_i} \frac{n_{x_i}}{\alpha_{x_i} N_{x_i}} \right), \ \eta_{x_l x_i} > 0$$

(3.12)

政府知识增长模型也可以做类似修改，上述交互模型可以分解为面向产业技术创新的多条知识链，虽然情况要复杂一些，但均可按上文推导求解，结论的讨论过程也基本相似。由此可以形成如下知识交互的生态关系。

（1）企业主导下，形成的联盟成员交互关系，各成员的知识吸收能力系数、最大知识存量等因素的对称性是联盟成员知识交互演化高效率均衡、构建有效知识链的关键因素，是知识存量增长的动力；如果动力不足，则知识交互不稳定，知识链容易出现扭曲，甚至中断；同时，当企业创新需求与产业创新需求不一致时，产业技术知识将出现"缺口"，影响知识链的系统性、完整性。

（2）考虑政府服务的公共性与调节作用，向联盟知识存量增长注入外在动力，对创新要素进行整合，将企业技术创新引向产业技术创新，形成面向联盟的公共服务资源，吸引更多的成员参与产业技术创新联盟，构建由政府—联盟—成员知识交互组成的"互惠共生 + 偏利共生"的生态关系，形成新的知识生态位结构，实现政府引导与企业主导双轮驱动，形成完整的知识链，有利于促进提高联盟成员知识增长速度和知识存量，为产业关键、共性技术创新提供支撑。

3.1.3　算例及数值模拟分析

结合前文对产业技术创新联盟知识交互关系演化均衡以及形成条件的分析，为进一步揭示多种因素对知识交互的影响，本章采用 Matlab R2012b 软件对知识交互的生态关系及演化过程进行仿真，进一步明确知识交互机理。

首先对知识交互生态关系模型中的交互时间赋予初始值，假设时间 t 的初始值为 1，仿真周期为 300 个单位时间，以下分别讨论模型中的知识吸收能力系数、最大知识存量等因素相互影响下的知识交互过程，对相互影响下的知识存量、均衡点等进行分析，揭示各主体知识交互行为的演化机理。

1. 知识吸收能力系数与知识存量增长的关系

为探索知识吸收能力系数与知识存量增长的关系，设定在没有其他个体影响下，联盟成员个体知识存量的最大值 $N_{x_1} = N_{x_2} = 1000$，知识增长速度 $r_{x_1} = r_{x_l} = r_{x_z} = 0.1$，$r_{x_2} = 0.2$，知识存量初始状态值 $n_{x_1} = 100$，$n_{x_2} = 100$，$n_{x_l} = 300$，$n_{x_z} = 200$，$\alpha_{x_1} = \alpha_{x_2} = \alpha_{x_3} = \alpha_{x_4} = 1$。结合前文研究过程，分别对知识吸收能力系数 $\eta_{x_1 x_2}$，$\eta_{x_2 x_1}$，$\eta_{x_l x_z}$，$\eta_{x_z x_1}$ 赋值，对演化结果进行对比分析：

图3.5（a）（b）（c）分别反映了不同知识吸收能力系数影响下的知识存量增长过程，仿真表明：知识吸收能力系数 η 与知识存量增长率、知识存量增长速度及其均衡状态呈正反馈关系，通过调整知识吸收系数，知识存量增长将呈现出不同的均衡状态［如图3.5（a）］；仿真结果还表明：当双方知识吸收能力系数均小于 1 时（尤其是双方影响均较小时 $\eta \to 0$），知识交互将形成低效率均衡，会导致知识链扭曲甚至中断，而通过政府向联盟注入知识存量增长的动力 $\eta_{x_1 x_2}$［如图3.5（c）］，推动知识在联盟转移，有利于促进联盟及成员知识存量的增加，仿真结果验证了3.1.2中的推演结果。

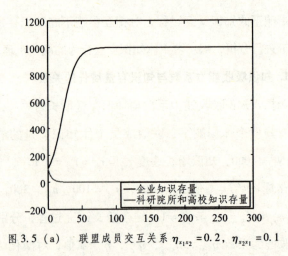

图 3.5（a） 联盟成员交互关系 $\eta_{x_1 x_2} = 0.2$，$\eta_{x_2 x_1} = 0.1$

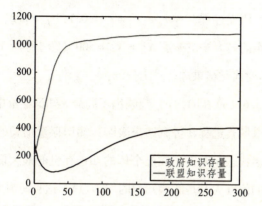

图 3.5（b） 政府 - 联盟交互关系 $\eta_{x_1x_2} = 1.3$，$\eta_{x_2x_1} = 0.2$

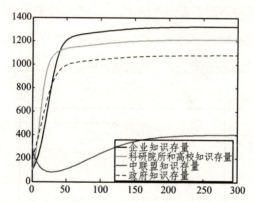

图 3.5（c） 政府 - 联盟 - 成员交互关系 $\eta_{x_1x_2} = 0.2$，

$$\eta_{x_2x_1} = 0.1，\ \eta_{x_1x_2} = 1.3，\ \eta_{x_2x_1} = 0.2$$

2. 最大知识存量与知识存量增长的关系

为讨论最大知识存量与知识存量增长的关系，设定知识吸收能力系数 $\eta_{x_1x_2} = 0.1$，$\eta_{x_2x_1} = 0.1$，$\eta_{x_1x_2} = 1.3$，$\eta_{x_2x_1} = 0.2$，

结合前文研究过程，令 $r_{x_1} = r_{x_l} = r_{x_z} = 0.1$，$r_{x_2} = 0.2$，设定知识交互中的最大知识存量 $N_{x_1} = N_{x_2} = 500$（即小于 3.1 中的设定值），对演化结果进行对比分析：

图 3.6（a）（b）（c）反映出不同最大知识存量影响下的知识存量增长过程。仿真结果表明：知识存量增长的最终均衡与初始状态 n 无关，成员个体的知识存量的最大值将决定均衡点的值（尤其是联盟知识的均衡点），这也说明当联盟知识较低时（尤其是当联盟缺乏关键、共性技术支撑的基础知识），知识链将处于低效率演化，甚至扭曲中断，而政府注入的知识增长动力（图 3.6（c）），推动知识在联盟成员内转移，可以提升知识链的稳定性，仿真结果验证了 3.1.2 的推演结果。

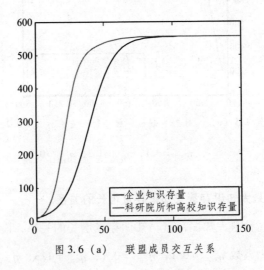

图 3.6（a）　联盟成员交互关系

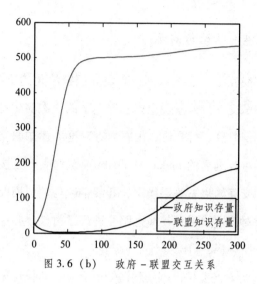

图 3.6（b）　政府 - 联盟交互关系

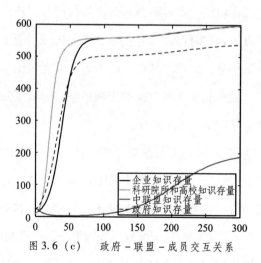

图 3.6（c）　政府 - 联盟 - 成员交互关系

3.1.4 结论与启示

知识交互是产业技术创新联盟知识链演化的重要环节。鉴于该知识交互行为呈现出产业导向下的生态演化特征，本章融合知识管理、博弈论、生态学等理论构建知识交互生态关系，通过改进后的 Lotka – Volterra 模型建立产业技术创新联盟知识交互的生态关系模型，开展定性与数值模拟仿真分析，以此对生态关系及其演进路径进行了讨论，并对其经济意义进行了解释，可以得到如下结论：

（1）针对产业技术创新联盟知识交互行为呈现出产业导向的生态演化特征，本章整合知识认知与行为，基于改进的 Lotka – Volterra 模型探索产业技术创新联盟知识交互的生态关系及其演进路径，揭示了知识吸收能力、最大知识存量等因素对知识存量增长及其稳定性的影响机理，拓展了知识管理理论和推进了知识生态学研究；

（2）基于知识交互的演进机理，本章提出由政府 – 联盟 – 成员知识交互组成的"互惠共生 + 偏利共生"的生态关系，通过政府向联盟注入知识存量增长的动力，有望促进与协调产业技术创新联盟知识链的形成与发展，促进知识转移，协调知识链的稳定性；该模式也充分反映出从企业技术创新向产业技术创新中知识交互路径，为联盟构建知识链以及成员确定"满意"知识交互关系提供理论支持。

3.2 市场主导下的产业技术创新联盟内知识交互关系及演化分析

随着产业技术创新活动的持续开展,开放式创新方式逐渐成为该联盟的重要创新方式,政府将退出联盟,联盟活动逐渐从双轮驱动向市场主导发展,市场主导成为联盟知识交互主要动力。该阶段中,联盟内逐渐积累联盟知识(即联盟共有知识[3]),并向多源性发展,包括科学出版物、学术会议、开源与互联网、联盟技术标准以及专利披露等,这类知识具有产业导向的准公共性等特征,属于一类开放知识,并通过构建知识链形成知识流[52]。研究还表明:当组织内外发生知识转移时,必然导致原有知识结构和知识存量发生改变,形成新的知识生态系统[77]。

因此,本章基于联盟知识具有准公共性的特点及知识生态系统理论,在传统联盟的知识交互模式基础上,提出市场主导下的联盟知识交互模式(如图3.7):为方便讨论,用 x_1 表示成员1, x_2 表示成员2(如制造企业、科技服务型企业等,两组织构建知识链,利用知识交互,推动知识的跨组织流动），x_l 表示产业技术创新联盟中的联盟知识。

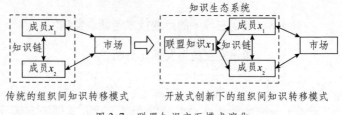

图 3.7　联盟知识交互模式演化

图 3.7 中联盟知识作为一个重要的知识交互对象，分别影响传统知识链中的不同主体，形成一种新的知识生态系统，并在不同维度进行知识交互。本章涉及的知识交互主要包括知识传递方与知识接受方在交互过程中，知识的获取、吸收、应用与创新等过程；结合前期研究，其知识生态转移及其演化过程与自然界中生物种群之间的交互及演化过程具有相似之处。综上所述，本章融合知识交互、生态学等理论，尝试基于改进 Lotka – Volterra 模型剖析联盟知识交互及其演化过程。

3.2.1　理论基础、模型变量及假设

以下结合 Lotka – Volterra 模型，对市场主导下的联盟知识交互变量及假设条件进行设定，模型的变量如下所示：

N_{x_i} 表示组织成员 x_i 不受外界影响下的最大知识存量[156]

（代表成员在原有环境下知识宽度、知识深度等，是一个宽泛的概念）；

n_{x_i} 表示 t 时刻成员 x_i 的知识存量初始状态；

Δn_{x_i} 表示 t 时刻成员 x_i 知识存量的变化量；

β_{x_i} 表示成员 x_i 知识交互过程中的知识溢出系数（知识交互过程往往伴随知识溢出，知识溢出是知识无意识的传播[41]，该系数主要指由于知识溢出而导致知识存量变化的比例）；

$\eta_{x_i x_j}$ 表示成员 x_i 知识存量增长过程中的知识吸收（或创新）能力系数（识别、获取、转化与利用外部知识，从而促使主体持续发展的能力[157,161]）；

r_{x_i} 表示 t 时刻成员 x_i 的知识存量净增长速度（指不受知识链上其他成员知识、联盟知识等影响下的增长速度）；

δ_{x_i} 表示知识链上其他成员对成员 x_i 知识存量增长的影响；

∂_{x_i} 表示市场主导下的联盟知识（如学术会议、专利披露等知识）对知识链成员知识增长的协调变量。

结合前文对联盟知识特点、市场主导下的联盟知识交互生态模型的描述，作如下假设：

假设 A 基于知识转移[78]等理论以及前期研究基础，根据联盟知识具有开放性的特点[43]，知识链组织成员 x_i 的知识存量可能受到其他知识源（如组织成员、联盟知识等）的影响，分别用参数 δ_{x_i}，∂_{x_i} 表示，令 $\delta_{x_1} = \eta_{x_1 x_2} \dfrac{n_{x_2}}{N_{x_2}} (\eta_{x_1 x_2} > 0)$（$\partial_{x_i}$ 类似），用 $\delta_{x_1} > 0$ 表示促进作用。其中有 $\eta_{x_1 x_2} > 0$ 或者 $\eta_{x_1 x_2} = 0$，分别表示其知识存量增长过程中，成员 x_1 从其他主体转移知识或者不转移知识（即知识转移系数越大，吸收、转化等能力越强）。

假设 B　由于知识存量是某一阶段组织对知识资源的占有总量，是知识广度和深度的总括，具有时间性和空间性[43]，对于知识链成员 x_1，设定知识存量 N_{x_1} 存在一定阈值，用 n_{x_1}/β_{x_1} N_{x_1} 表示知识存量的密度，其中 $\beta_{x_1} > 1$ 或 $\beta_{x_1} = 1$，表示成员知识交互过程中产生知识溢出或者知识不溢出。由于知识存量存在一定阈值，可知随着成员知识密度的变大，知识增长会受到阻滞，速度减缓，当 $n_{x_1} = \beta_{x_1} N_{x_1}$ 时，增长速度趋于 0。

假设 C　考虑知识存量增长初期，知识转移速度呈上升趋势，随着知识存量的增加，由于接受者吸收消化能力的限制，产生大量的粘滞冗余知识存量，不利于知识存量的迅速转移[158,159]。设定知识链成员 x_1 在 t 时刻知识存量变化量 $\Delta n_{x_1} = r_{x_1} \cdot n_{x_1}$，考虑知识密度变大会对增长速度起阻滞作用，用 $[(1 - n_{x_1})/(\beta_{x_1} N_{x_1})]$ 表示阻力系数，则 t 时刻成员 x_1 知识增长速度修改为：

$$\frac{\Delta n_{x_1}}{n_{x_1}} = r_{x_1} - r_{x_1} \cdot \frac{n_{x_1}}{N_{x_1}} = r_{x_1}\left(1 - \frac{n_{x_1}}{\beta_{x_1} N_{x_1}}\right) \qquad (3.13)$$

考虑到联盟知识 x_k（或者知识链其他成员 x_2）对 x_1 知识存量增长的影响，以及不同主体之间知识交互不会削减原有知识，将 Lotka – Volterra 表示的知识交互模型进行相应修正，如式（3.14）：

$$\frac{\Delta n_{x_1}}{n_{x_1}} = r_{x_1}\left(1 - \frac{n_{x_1}}{\beta_{x_1} N_{x_1}} + \delta_{x_i} + \partial_{x_i}\right) \qquad (3.14)$$

基于上述假设和模型，以下分别构建联盟成员知识交互生态学模型和联盟知识导入下的成员知识交互生态学模型，对联盟知识影响下的组织知识交互过程及演化均衡进行讨论。

3.2.2 联盟成员知识交互生态学模型及演化分析

1. 联盟成员知识交互生态学模型及演化分析

结合前文设定，该模型中包括知识链成员 x_1、x_2，两成员的知识交互行为发生于知识链形成和发展的整个生命周期，各成员通过知识交互以拓展自身知识存量，此时各成员知识存量的增长模型如式（3.15）：

$$\begin{cases} \dfrac{\Delta n_{x_1}}{n_{x_1}} = r_{x_1} \cdot \left(1 - \dfrac{n_{x_1}}{\beta_{x_1} N_{x_1}} + \eta_{x_1 x_2} \dfrac{n_{x_2}}{\beta_{x_2} N_{x_2}}\right) \\[3mm] \dfrac{\Delta n_{x_2}}{n_{x_2}} = r_{x_2} \cdot \left(1 - \dfrac{n_{x_2}}{\beta_{x_2} N_{x_2}} + \eta_{x_2 x_1} \dfrac{n_{x_1}}{\beta_{x_1} N_{x_1}}\right) \end{cases} \qquad (3.15)$$

式（3.15）反映了知识链上两成员在相互影响下的知识增长过程。由于式（3.15）中主体知识存量的净增长速度 $r_{x_1} \neq 0$ 且 $r_{x_2} \neq 0$，则当知识交互达到均衡后，得到由 n_{x_1} 和 n_{x_2} 组成的二元一次方程组（3.16）：

$$\begin{cases} \omega_1(n_{x_1}, n_{x_2}) = 1 - \dfrac{n_{x_1}}{\beta_{x_1} N_{x_1}} + \eta_{x_1 x_2} \dfrac{n_{x_2}}{\beta_{x_2} N_{x_2}} = 0 \\ \\ \psi_1(n_{x_1}, n_{x_2}) = 1 - \dfrac{n_{x_2}}{\beta_{x_2} N_{x_2}} + \eta_{x_2 x_1} \dfrac{n_{x_1}}{\beta_{x_1} N_{x_1}} = 0 \end{cases} \quad (3.16)$$

式（3.16）反映出两成员知识交互演化过程，求解式（3.16），可得知识交互演化形成的均衡点（如图3.8）：$A_2(\beta_{x_1} N_{x_1}, 0)$，$A_3(0, \beta_{x_2} N_{x_2})$，$A_4'''\left(\dfrac{\beta_{x_1} N_{x_1}(1 + \eta_{x_1 x_2})}{1 - \eta_{x_1 x_2} \eta_{x_2 x_1}}, \dfrac{\beta_{x_2} N_{x_2}(1 + \eta_{x_2 x_1})}{1 - \eta_{x_1 x_2} \eta_{x_2 x_1}} \right)$。

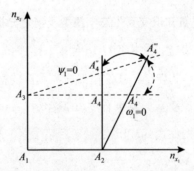

图3.8　知识链成员间知识交互演化趋势

结合图3.8，对由直线 $\omega_1 = 0$ 与 $\psi_1 = 0$ 构成的知识交互演化路径进行分析，并对知识转移系数、知识溢出系数、最大知识存量等因素对知识存量的增长及稳定态影响进行讨论：

（1）当 $\eta_{x_1x_2} > 0$，$\eta_{x_2x_1} > 0$ 时，知识交互后，直线 $\psi_1(n_{x_1}, n_{x_2}) = 0$ 上的点与 $\omega_1(n_{x_1}, n_{x_2}) = 0$ 上的点各自沿稳定条件演化，在 A_4''' 点达到稳定态。这表明知识链成员之间知识交互的相互促进（如果 $\eta_{x_1x_2}$ 越大，成员 x_1 对成员 x_2 的知识存量增长影响较大；如果 $\eta_{x_2x_1}$ 越大，成员 x_2 对成员 x_1 的知识存量增长影响也较大），容易形成互利共生的生态关系，构建稳定的知识链，进行有效的知识交互。从知识接受者的角度来看，$\eta_{x_1x_2}$，$\eta_{x_2x_1}$ 反映出知识交互接受者接受知识的意愿和接受知识的能力，其取值大小是知识链组织间知识交互向高效率演化的重要条件。同时，稳定点的值 $\dfrac{\beta_{x_1} N_{x_1}(1 + \eta_{x_2x_1})}{1 - \eta_{x_1x_2}\eta_{x_2x_1}}$ 也表明两者取得均衡值与知识传递者的最大知识存量、知识溢出有关，如果成员知识溢出系数 β_{x_i}（或者最大知识存量 N_{x_1}）越大，稳定状态时的知识存量将越大，反之，则会影响稳定时的知识存量。

（2）当 $\eta_{x_1x_2} > 0$，$\eta_{x_2x_1} = 0$ 时，成员交互后，直线 $\psi_1(n_{x_1}, n_{x_2}) = 0$ 上的点与 $\omega_1(n_{x_1}, n_{x_2}) = 0$ 上的点相互影响后，各自沿既定演化路径推进，并在 A_4' 点形成稳定态。同理可以分析 $\eta_{x_1x_2} = 0$，$\eta_{x_2x_1} > 0$，两成员在 A_4'' 点达到稳定态。这表明如果知识链组织中两主体知识转移能力存在非均衡性，其中一方将获得较大知识存量，而另外一方无法达到知识交互效用。

（3）当 $\eta_{x_1x_2}\to 0$ 且 $\eta_{x_2x_1}\to 0$ 时，这表明知识链组织双方知识转移能力较弱，即成员对成员 x_2 知识存量增长影响较小，且成员 x_2 对成员 x_1 知识存量的增长影响也较小，成员交互后，双方回到各自的初始状态 A_4，难于形成有效的知识转移。

综上所述，知识链组织间知识交互时，成员的知识转移系数、知识溢出系数、最大知识存量等因素的协调性与对称性是知识交互高效率演化、实现可持续发展的重要条件，是知识交互演化的重要动力。当知识链成员知识转移系数、知识溢出系数、最大知识存量等因素方面等对称且较大时，将形成互利共生的生态关系，构建高效的知识链，促进对方知识存量增长［如情况（1）］；反之，如果上述因素相互影响较小或不对称，知识交互缺乏有效动力，容易造成知识链扭曲，导致知识链不稳定，甚至中断（如情况（2）（3））。

基于上述研究结论，结合开放式创新与知识交互价值，其管理意义可以解释为：随着经济全球化和知识经济的冲击，通过调节组织间知识交互关系（即调节各 η、β 的大小），构建链式结构，实现知识共享和创新，推动跨组织的知识流动，有利于弥补单个组织知识存量不足；研究还表明：市场需求的多样化，商业模式的多元化，技术的全球流动性、不确定性和复杂性、周期缩短等特点，大大加速传统组织知识的折旧，传统封闭创新下，支撑新市场、新产品、新技术等组织知识越来越少，表现为组织原有知识存量不足（即 N_{x_1}，N_{x_2} 较小时），在没有充分知识源的补充下，仅仅依靠传统知识链内成员知识交互，难以支撑组织知识存量增长，知识链演化的动力不足，其组织间知识演化均衡点 A_4 的知识存量较小，无法满足市场的多样化、快速发展等需求。以下讨论联盟知识对知识链成员知识交互的影响，以期探寻推动知识链成员知识交互高效率均衡的有效"着力点"。

2. 联盟知识导入下的成员知识交互生态学模型及演化分析

通过对比分析开放式创新与封闭创新中的知识类型以及知识交互特点，不难发现：联盟知识作为开放式创新中呈现的一种新型知识，其功能、价值的发挥与知识链组织息息相关，当其特点、形态和功能得到传统组织识别和吸收时，就形成一种重要的知识源，以下构建联盟知识导入下的组织间知识交互生态学模型，对知识交互过程及演化均衡进行分析，如式（3.17）：

$$\begin{cases} r'_{l_1} = r_{l_1}\left(1 - \dfrac{n_{l_1}}{N_{l_1}}\right) \\[3mm] r'_{x_1} = r_{x_1}\left(1 - \dfrac{n_{x_1}}{N_{x_1}} + \eta_{x_1x_2}\dfrac{n_{x_2}}{\beta_{x_2}N_{x_2}} + \eta_{x_1l_1}\dfrac{n_{l_1}}{N_{l_1}}\right) & \eta_{x_1x_2} > 0,\ \eta_{x_1l_1} > 0 \\[3mm] r'_{x_2} = r_{x_2}\left(1 - \dfrac{n_{x_2}}{N_{x_2}} + \eta_{x_2x_1}\dfrac{n_{x_2}}{\beta_{x_2}N_{x_2}} + \eta_{x_2k_1}\dfrac{n_{l_1}}{N_{l_1}}\right) & \eta_{x_2x_1} > 0,\ \eta_{x_2}L_1 > 0 \end{cases}$$

$$(3.17)$$

式（3.17）中，N_{k_1} 表示联盟知识的最大知识存量，考虑到联盟知识拥有着者（即知识源，如政府、互联网等）之间的差异，设定其增长过程难于受到传统组织知识的影响，增长速度 $r'_{l_1} = r_{l_1}(1 - n_{l_1}/N_{l_1})$，则各类知识交互形成均衡后，有式（3.18）成立：

$$
\begin{cases}
r_{l_1}\left(1 - \dfrac{n_{l_1}}{N_{l_1}}\right) = 0 \\[2em]
r_{x_1}\left(1 - \dfrac{n_{x_1}}{N_{x_1}} + \eta_{x_1x_2}\dfrac{n_{x_2}}{\beta_{x_2}N_{x_2}} + \eta_{x_1l_1}\dfrac{n_{l_1}}{N_{l_1}}\right) = 0 \quad \eta_{x_1x_2} > 0, \ \eta_{x_1l_1} > 0 \\[2em]
r_{x_2}\left(1 - \dfrac{n_{x_2}}{N_{x_2}} + \eta_{x_2x_1}\dfrac{n_{x_1}}{\beta_{x_1}N_{x_1}} + \eta_{x_2l_1}\dfrac{n_{l_1}}{N_{l_1}}\right) = 0 \quad \eta_{x_2x_1} > 0, \ \eta_{x_2l_1} > 0
\end{cases}
$$

$$(3.18)$$

对式（3.18）的讨论，可以转换为联盟知识与知识链中 2 个成员分别进行知识交互的演化及均衡，其讨论结果与 3.2.2 中第一点的情况类似。结合图 3.7 及前文中的模型说明，此时知识链成员 x_1 与成员 x_2 的知识交互演化及均衡可表示为图 3.9：

图 3.9 中，$\omega'_1 = 0$、$\psi'_1 = 0$ 分别表示联盟知识同时作用于知识链成员 x_1 和 x_2 后，其知识存量增长的新趋势。结合前文分析可知：成员 x_1 与成员 x_2 将形成新的转移关系，并在 A_4'''' 点形成均衡。图 3.9 还表明：在联盟知识的影响下，$\omega_1 = 0$（知

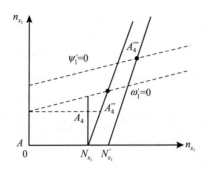

图 3.9　市场主导下的成员间知识交互演化趋势

识链成员相互影响下的知识增长演化趋势）向 $\omega_1' = 0$ 平行移动，$\psi_1 = 0$ 向 $\psi_1' = 0$ 平行移动，两直线在 A_4'''' 处形成的均衡值大于在 A_4''' 处取得的均衡值。同理也可以分析联盟知识只作用于成员 x_1（或者只作用于组织 x_2 的情况），均可以得到新的均衡大于原有均衡。

上述模型分析及结论可解释为：在开放式创新的环境下，传统知识链组织通过开放学习，吸收创新要素，整合创新资源，大大促进了新技术、新知识的产生，使新技术、新知识的供给量快速增加；传统封闭创新下的知识链成员与联盟知识分别构建"共栖"的生态关系，通过知识交互，能够扩大组织创新知识来源，推动原有知识链与联盟知识形成"多元共栖"的生态系统；知识链成员在多点吸收联盟知识，获得互补性创新资源，不断学习、整合内外部知识，有望推动知识链成员及知识链知识存量的增加。

另外，当联盟中知识源头相对较少时，知识链成员可能影响联盟知识的增长，此时，联盟知识的增长速度可修改为：

$$r_{l_1}\left(1 - \frac{n_{l_1}}{N_{l_1}} + \eta_{l_1 x_2}\frac{n_{x_2}}{\beta_{x_2} N_{x_2}} + + \eta_{x_{l^{x_1}}}\frac{n_{x_1}}{\beta_{x_1} N_{x_1}}\right)$$，其讨论步骤、过程与前文类似。

3.2.3 算例及数值模拟分析

为验证市场主导下的知识转移系数、最大知识存量等因素对组织间知识转移的影响，根据前文假设和条件，给出如下算例，以此验证前文研究过程与结论：

设定知识链中组织的个体知识存量的最大值 $N_{x_1} = N_{x_2} = 500$，联盟知识最大知识存量 $N_{x_l} = 600$，知识链成员 x_1，x_2 知识增长速度分别为 $r_{x_1} = 0.1$，$r_{x_2} = 0.2$，联盟知识增长速度 $r_{x_l} = 0.1$，知识链成员 x_1，x_2 与联盟知识的知识存量初始状态值分别设定为：$n_{x_1} = 100$，$n_{x_2} = 50$，$n_{x_k} = 200$，$\beta_{x_1} = \beta_{x_2} = 1$（本章暂不考虑知识溢出系数对均衡值的影响）。结合前文研究过程，分别对其中知识转移系数 $\eta_{x_1 x_2}$，$\eta_{x_2 x_1}$，$\eta_{x_k x_1}$，$\eta_{x_k x_2}$ 赋值，对演化过程及均衡值进行对比分析：

图 3.10（a）（b）（c）分别反映了不同知识转移系数影响下的知识链成员知识存量增长过程，仿真表明：知识转移

系数 η 与知识存量增长速度 r 及其均衡状态呈正反馈关系
（初始知识存量不会影响增长速度，但会影响均衡值；同理可
以分析知识溢出系数对均衡值的影响），因此，通过调整知识
吸收系数，知识存量增长将呈现出不同的增长趋势和均衡状
态；图 3. 10（a）中知识链成员知识交互的均衡值 $n_{x_1}^{*} = 666$，
$n_{x_2}^{*} = 833$，图 3. 10（b）中知识链中企业 x_1 的均衡值 $n_{x_1}^{**} = 740$，图 3. 10（c）中知识链成员知识交互的均衡值 $n_{x_1}^{***} = 922$，$n_{x_2}^{***} = 1111$，不难发现：$n_{x_1}^{***} > n_{x_1}^{**} > n_{x_1}^{*}$。仿真结果还表
明：当知识链成员知识转移系数较小时（$\eta \to 0$），知识交互
将形成低效率均衡，会导致组织知识链扭曲甚至中断；另一
方面，通过联盟知识向知识链中的不同成员注入新的知识

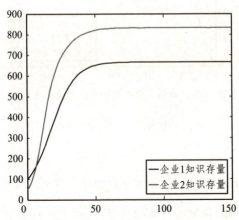

图 3. 10（a） 组织间知识交互演化模拟 $\eta_{x_1x_2} = 0.2$，$\eta_{x_2x_1} = 0.5$

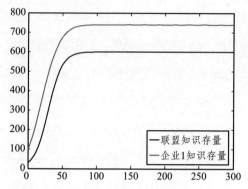

图 3.10 （b） 联盟知识-成员知识交互演化模拟 $\eta_{x_1 x_1} = 0.4$

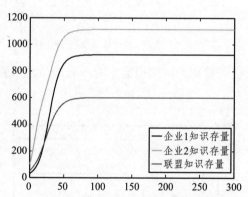

图 3.10 （c） 联盟知识-组织间知识交互演化模拟 $\eta_{x_1 x_2} = 0.2$,

$$\eta_{x_2 x_1} = 0.5 \eta_{x_1 x_1} = 0.4, \quad \eta_{x_1 x_2} = 0.3$$

[如图 3.10 （c）]，增加知识存量的增长动力，有利于促进组织及成员知识存量的增加（即成员演化均衡时的知识存量

N_{x_1}，N_{x_2}的增加），由此验证了 3.2.2 中的推演结果。同理也可以分析知识溢出系数对知识存量增长及均衡的影响。

3.2.4 结论与启示

联盟知识具有产业导向的准公共性等特点，本章构建知识交互生态学模型，开展定性与数值模拟仿真分析，以此对市场主导下的联盟知识交互生态关系及其演化路径进行了讨论，可以得到如下结论：

本章融合知识管理、生态学等理论构建知识交互生态学模型，揭示了知识转移系数、知识溢出系数、最大知识存量等因素对知识转移演化及其稳定性的影响机理，拓展了传统组织知识转移研究的对象，推进了知识组织与管理理论、知识生态学研究；

基于上述研究过程及结论，本章提出由联盟知识 – 组织间知识交互组成的"互利共生 + 多元共栖"的生态关系，对于提高和改善市场主导下的组织间知识交互效率以及制定知识管理策略具有一定的启示作用，具体表现为：

（1）随着创新驱动发展战略在我国的全面推进实施，开放式创新逐渐成为重要的创新范式，传统知识链组织成员要充分发挥联盟知识存在的开放性、价值性等特征，协调知识交互关系，构建知识生态系统，从封闭创新向开放式创新演

化，在多个维度推动知识存量的转移，提高知识资源的社会
化配置效率；

（2）组织间通过协调知识转移系数、知识溢出系数等，
构建知识链，是推动知识交互的关键。因此，在开放式创新
环境下，知识链成员调整自身知识转移系数和知识溢出系数，
协调知识链的稳定性，构建"互利共生"的生态关系，通过
"内修外学"，在"多点"吸收联盟知识，实现"多元共栖"，
加大知识量增长的动力，促进组织间知识交互，增加知识链
成员的知识量。

3.3 本章小结

本章基于改进 Lotka – Volterra 模型，分析了产业技术创
新联盟知识交互关系及演化机理，可以得到以下结论与启示：

（1）构建的面向产业技术创新联盟的多主体知识交互关
系模型，拓展了 Lotka – Volterra 建模与仿真方法，该方法具
有一定的普适性和基础性，该模型构建思路与分析方法也可
应用于其他多主体交互关系研究，是对传统组织知识交互建
模方法研究的延伸和对传统博弈模型研究的升华；

（2）利用该模型，揭示了联盟成员知识交互关系及演化
机理，并由此提出的"互惠共生 + 偏利共生""互利共生 +

多元共栖"等生态交互关系模式，这些模式为优化知识交互
关系，推动知识链实现高效率转移均衡，提高知识资源的社
会化配置效率，进而为进一步分析产业技术创新中的跨组织
知识资源配置奠定了一定理论基础。

4

产业技术创新联盟协调模式设计

4.1　设计的 5 种产业技术创新联盟协调模式

　　基于前文对产业技术创新联盟内各相关主体（如政府、企业、科研院所、高校、联盟等）知识交互关系及其演化分析，不难发现：①随着开放式创新推进，联盟成员通过跨越组织边界，构建互利共生的交互关系是优化知识资源配置的关键；②通过适度引入外部知识资源，有利于推动知识链的稳定，促进知识流动。因此，结合前文分析结论，可以将联盟中不同主体知识按照所属公、私性质进行分类，具体分为存量知识（或称私有知识）、增量知识（或称投入知识）和联盟知识，三类知识将在不同维度进行交互，以此进行跨组织的知识资源配置，并对产业技术创新绩效产生影响。

由此，本章根据不同资源配置方式，基于供应链理论、战略联盟理论、知识管理理论、生态系统理论等提出不同的产业技术创新联盟协调模式。首先，考虑存量知识共享，分别提出基于知识共享与利益分配的产业技术创新联盟协调模式和有限理性下产业技术创新联盟协调模式；其次，考虑存量知识与增量知识不发生转移时，提出基于两阶段知识共享的产业技术创新联盟协调模式；再其次，考虑增量知识与存量知识发生转移时，提出基于知识投入和转移演化的产业技术创新联盟协调模式；最后，考虑增量知识、存量知识和联盟知识之间相互发生转移时，提出基于知识转移生态演化的产业技术创新联盟协调模式。

以下，分别对 5 种模式进行描述：

1. 基于知识共享与利益分配的产业技术创新联盟协调模式建模与分析

在产业技术创新联盟中（如企业与企业之间建立的竞争性联盟），企业间没有严格的组织约束和保障，成员往往属于非完全共同利益主体，彼此之间不存在行政性的隶属关系，企业间（如产业技术创新联盟中的相关企业）关系往往比较松散，知识共享过程中机会主义比在金字塔形的企业组织内部更容易发生，联盟常常表现为一种低效率的均衡，难于形成有效的协同效应，导致联盟优势发挥不明显。知识共享困难成为竞争性联盟面临的一个重要问题。因此，产业技术创新联盟中知识共享是发挥联盟效应的基础（见图4.1），而知识共享下的利益协调是推动联盟发展的重要保障，探讨竞争性联盟中的知识共享与利益协调问题具有重要的理论意义和实践价值。

本模式描述如下：以产业技术创新联盟中的 2 家同质企业建立的竞争性联盟为研究对象，构建企业利润均衡模型和考虑贡献程度修正的分配模型，探讨竞争性联盟中知识共享价值，并根据考虑贡献程度修正的分配模型提出了利益协调机制。

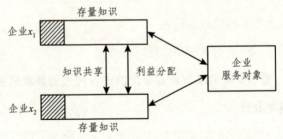

图 4.1　基于知识共享与利益分配的联盟协调模式

2. 有限理性下产业技术创新联盟协调模式建模与分析

通过分析现有合作动机、对象、机制等方面的研究成果，不难发现：同质企业之间（即产业技术创新中竞争性联盟成员之间）的合作创新因具有广泛的合作潜力与空间而受到广大学者的重视，得到持续、深入研究。然而，由于企业技术创新往往具有高级研究开发、高创新效率、高速增长、高风险性等特征，企业普遍依靠掌握专有性的核心知识、技术等资源形成竞争优势，一方面希望与合作伙伴共享投入以创造更多的价值，另一方面为了保持竞争优势往往需要采取各种措施防止技术溢出，合作与竞争并存。在创新过程时，企业之间的经济博弈是反复持续的，很难一次博弈达到均衡状态，因此，其决策往往是有限理性的，合作策略的选择是在持续交互、学习过程中不断调整和改进以寻找满意策略（见图4.2）。另外，在竞争性联盟合作创新过程中，企业间没有严格的组织约束和保障，成员往往属于非完全共同利益主体，彼此之间不存在行政性的隶属关系，企业间关系往往比较松散，机会主义比在金字塔形的企业组织内部更容易发生，合作创新的保障机制就显得尤为重要。由此可见，竞争性联盟成员合作创新策略选择表现出很强的交互性，揭示创新主体决策交互机理，并设计相关的保障机制显得尤为重要。

本模式描述如下：以产业技术创新联盟中 2 家同质企业建立竞争性战略联盟，并开展技术创新过程为研究对象，将合作创新中的决策方式分为坚持合作与中途违约，建立了技术创新利润模型，从演化博弈的角度，探讨企业不同状态下选择不同策略的过程，并给出了相关的仿真算例，对模型进行了验证，最后给出结论，尝试为优化企业的合作创新决策交互过程提供理论分析基础和相关建议。

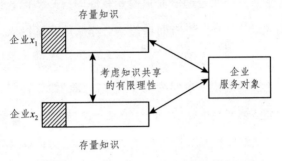

图 4.2　考虑有限理性的联盟协调模式

3. 基于两阶段知识共享的产业技术创新联盟协调模式设计

本章将基于两阶段知识共享的产业技术创新联盟协调模式描述为：①基于准公共物品理论，联盟内的知识资源是由成员私有知识和联盟知识组成；基于效用理论，对联盟单个成员来讲，联盟成员知识共享效用是成员考虑个体特征、联盟特征等因素下由其私有知识和联盟知识共同决定的，所获得的"满意"效用是成员基于"个体理性"的决策结果。由此，成员知识共享行为是各方的博弈过程，共享结果是博弈的均衡解。②根据 Das&Teng 等关于联盟的价值论述[162,163]，结合产业技术创新联盟定义和前人研究基础[1,5]，该联盟的有效运行是内部驱动、外部驱动等协同作用，联盟成员通过"自组织"在技术创新与扩散等方面承担主要工作，实现内部

驱动，是根本动力，而考虑到该类创新具有产业导向的准公
共性，政府利用"他组织"激励成员知识共享，进而调节自
组织状态，对联盟的发展起引导作用，实现外部驱动，是辅
助动力。③本章将该联盟中的知识共享分为自组织和他组织
两阶段（如图4.3），联盟知识由两阶段形成的公共知识构
成，第一阶段：单个成员基于"个体理性"，共享其现有私有
知识，形成联盟知识，联盟成员在自组织知识共享过程中，
根据私有知识和联盟知识取得的效用开展决策。基于博弈论，
本章将联盟成员知识共享分为分散决策方式和集中决策方式，
以此讨论跨组织的知识共享均衡；第二阶段：考虑该创新呈
现出产业导向的准公共性特征，为了突破产业共性技术、关
键技术，在联盟（或政府）的激励下，利用他组织，开展知
识创新（或知识创造）或实现知识的深度共享，联盟单个成
员考虑个体特征、联盟特征、联盟激励等因素下，根据创新
投入和知识共享取得的效用开展决策。

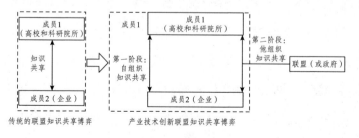

图 4.3 产业技术创新联盟知识共享模式演化示意

4. 基于知识投入和转移演化的产业技术创新联盟协调模式设计

假设在产业内存在多个同质企业（如图 4.4 中处于同一层级的企业 x_1，x_2），为了共同突破产品竞争前的共性、关键等技术，提升产业技术创新能力，自愿建立产业技术创新联盟。

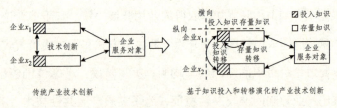

图 4.4　产业技术创新联盟知识投入模式演化示意

本章将基于知识投入和转移演化的产业技术创新联盟协调模式（如图 4.4）描述为：①基于前人对创新投入的研究[164]，各企业基于自身产品、技术等优势，投入相应的知识资源（如产品的概念设计、外观设计、结构设计等知识），以降低产品的单位成本；②将联盟视为一个生态系统，知识资源的投入是渐进性的，投入知识会与自身、其他投入主体等在多个维度发生知识转移，考虑产业技术创新过程中投入知识的专属性、溢出性等特征，知识转移存在演化性，可能呈现出不同的均衡状态；③基于生态位理论，将联盟中的企业知识分为横向和纵向两个维度（如图4.4），横向维度主要指处于同一层次的企业在知识投入过程中，知识资源具有共性需求，通过成员之间的交互，影响双方的知识投入（该部分为投入知识，将发生投入知识转移，简称投入转移）；纵向维度指投入的知识量与成员原有知识具有天然的关联性，在交互过程中，有望推动存量知识增加（该部分为存量知识，将发生存量知识转移，简称存量转移）；其中投入知识作为中介变量，在两个维度上相互作用，形成协同倍增效应。

5. 基于知识转移生态演化的产业技术创新联盟协调模式设计

根据产业技术创新联盟定义，本章设定联盟成员由科研院所和高校、企业等成员构成，为了共同突破产品竞争前的共性、关键等技术，自发建立优势互补、共担风险与共享利益的产业技术创新联盟。根据联盟中成员分工的差异，将联盟分为应用开发和基础研究，前者主要由企业承担（设定为 x_1），后者主要由高校和科研院所承担（设定为 x_2）（如图4.5）。

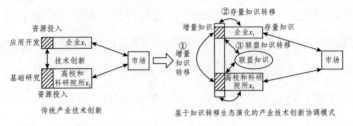

图 4.5　产业技术创新模式演化示意

　　为充分提升知识资源的跨组织配置效率，本章在传统产业技术创新模式基础上，将基于知识转移生态演化的产业技术创新联盟协调模式描述为：①基于知识生态系统[165]和知识增量累积特征[166]等理论研究基础，本章设定成员知识投入是联盟及成员知识资源整合与知识转移生态关系形成及演化的核心动力，在知识投入过程中，投入知识（即增量知识）会与其他投入主体（包括联盟其他成员、联盟等）、自身在多个维度进行知识转移，形成相互影响的生态关系；②基于生态位理论，本章设定联盟中不同种类的知识所处生态位及知识转移分为三部分，一是在知识投入过程中，各成员增量知识具有一定的共性，会相互转移并逐渐演化，影响成员知识投入量；二是投入的知识量与成员原有知识（称为存量知识）具有天然相关性，通过交互，进行知识转移；三是增量知识与联盟知识（联盟中带有准公共性质的知识，如行业标准等）之间存在一定的竞争与互补关系，通过联盟知识转移，调节增量知识，影响知识量的变化。上述三类知识在相互影响下，进行知识转移与内化，形成协同倍增效应（如图4.3）。③基于效用理论和前期研究结果[167]，在跨组织知识资源配置中，对联盟中的单个成员来讲，其决策方式可以分为分散决策和集中决策两种方式，知识投入产出效用是成员存量知识和增量知识共同决定的，所获得的"满意"效用是成员基于"个体理性"的决策结果。由此，成员知识投入产出均衡结果是各方的博弈过程，知识投入的总量是联盟成员博弈的均衡解。

4.2 本章小结

本章基于前文研究过程及结论，对产业技术创新联盟中的知识进行分类（分为存量知识、增量知识和联盟知识），并根据不同的知识类别之间的交互关系分别设计基于知识共享与利益分配的产业技术创新联盟协调模式、有限理性下产业技术创新联盟协调模式、基于两阶段知识共享的产业技术创新联盟协调模式、基于知识投入和转移演化的产业技术创新联盟协调模式、基于知识转移生态演化的产业技术创新联盟协调模式，上述5种模式反映出从知识交互关系及演化的角度探讨产业技术创新协调的方向，通过对上述5种模式的数理建模及仿真，将得到产业技术创新联盟相关的协调方向。

5

基于知识共享与利益分配的产业技术
创新联盟协调模式建模与分析

5.1 理论基础、变量及假设

为了讨论方便，本章主要以产业技术创新联盟内处于同一层次的同质企业 1 与企业 2（分别用 x_1、x_2 表示）组成的竞争性联盟为对象进行讨论。模型的变量如下所示：

$\prod_{x_i}$ 表示企业 x_i 的利润函数（$i=1$，2）；

y_{x_i} 表示企业 x_i 的产量；

C_{x_i} 表示企业 x_i 的成本函数；

Q 表示市场需求总量；

$v(I)$ 表示企业联盟后获得的总体利润；

$\varphi_{x_i}(v)$ 表示联盟后成员 x_i 分配到的利益。

本章提出的知识共享博弈模型假设如下：

假设 A 假定在企业 x_1、x_2 联盟前，两企业提供两种不相容的产品解决方案，除了方案不相容以外，这两种产品标准和质量完全相同，是完全可以相互代替的，企业各自的效用收益由各自提供的产量决定；

假设 B 由于两企业资源配置与业务具有广泛的相似性，假定其中优势一方（如企业 1）采取竞合策略，与企业 2 建立竞争性联盟，并假定联盟成员共享的知识可以识别、界定；

假设 C 假定两企业竞争的决策过程是一个完全信息共享下的静态决策过程；

假设 D 用 $P(\sum_{i=1}^{n} y_{x_i})$ 表示价格函数，假定用线性函数表示需求[168]：$P(\sum_{i=1}^{n} y_{x_i}) = Q - \sum_{i=1}^{n} y_{x_i}$；

假设 E 知识共享对双方的均衡产量及单位成本都会有影响，进而影响企业的利润，企业 $x_i (i = 1, 2)$ 的单位成本用 C_{x_i} 表示，假设随着自己可利用对方的知识（如技术知识）的增加而减小，这里设 $C_{x_i} = c_{x_i}^0 - \Delta c_x$，$c_{x_i}^0$ 是企业 x_i 自身投入的成本，$\Delta c_{x_j} (0 \leqslant \Delta c_{x_j} < c_{x_j}^0)$ 是企业 x_i 从企业 x_j 获得的知识而降低的单位成本。这里允许 $c_{x_1}^0 \neq c_{x_2}^0$，即允许两个企业投入的起始单位成本不同，对均衡产量的影响具有不确定性。

假设 F 在竞争性联盟中各企业的价值链相似,企业 x_i 的知识共享行为取决于企业 x_j 所实施的共享策略,假设 Δc_{x_i} 是 Δc_{x_j} 的函数,表示为 $\Delta c_{x_i} = \sum_{j=1, i \neq j}^{n} \Delta c_{x_j}$;

5.2 模型构建及分析

本章建立的知识共享博弈模型,就是建立基于 Cournot 扩展后的企业利润均衡模型和考虑贡献程度修正的 Shapley 收益协调分配模型。

5.2.1 知识共享下的企业利润均衡模型

根据前文假设及变量定义,构造企业 x_1 的知识共享下的利润模型[168]:

$$\prod_{x_1} = y_{x_1} \left(P\left(\sum_{i=1}^{2} y_{x_i} \right) - C_{x_1} \right), \quad i = 1, 2 \qquad (5.1)$$

同理可得企业 x_2 知识共享下的利润模型,具体来讲,两企业利润分别为:

$$\begin{cases} \prod_{x_1} = y_{x_1} \cdot (Q - y_{x_1} - y_{x_2} - C_{x_1}) \\ \prod_{x_2} = y_{x_2} \cdot (Q - y_{x_1} - y_{x_2} - C_{x_2}) \end{cases} \qquad (5.2)$$

用 $y_{x_1}^*$,$y_{x_2}^*$ 分别表示两企业竞争均衡时 x_1,x_2 的产量,

令 $\dfrac{d\prod_{x_1}}{dy_{x_1}}=0$，$\dfrac{d\prod_{x_2}}{dy_{x_2}}=0$，则有式（5.3）成立：

$$\begin{cases} Q-2y_{x_1}^*-y_{x_2}^*-C_{x_1}=0 \\ Q-2y_{x_2}^*-y_{x_1}^*-C_{x_2}=0 \end{cases} \tag{5.3}$$

对式（5.3）进行变换可得式（5.4）：

$$\begin{cases} y_{x_1}^*=\dfrac{1}{3}(Q+C_{x_2}-2C_{x_1}) \\ y_{x_2}^*=\dfrac{1}{3}(Q+C_{x_1}-2C_{x_2}) \end{cases} \tag{5.4}$$

将式（5.4）带入式（5.2）可得：

$$\begin{cases} \prod_{x_1}^*=\left[\dfrac{1}{3}(Q+C_{x_2}-2C_{x_1})\right]^2 \\ \prod_{x_2}^*=\left[\dfrac{1}{3}(Q+C_{x_1}-2C_{x_2})\right]^2 \end{cases} \tag{5.5}$$

根据假设对式（5.5）利润均衡模型可进一步变换，得：

$$\begin{cases} \prod_{x_1}^*=\left[\dfrac{1}{3}(Q+c_{x_2}^0-\Delta c_{x_1}-2(c_{x_1}^0-\Delta c_{x_2}))\right]^2 \\ \prod_{x_2}^*=\left[\dfrac{1}{3}(Q+c_{x_1}^0-\Delta c_{x_2}-2(c_{x_2}^0-\Delta c_{x_1}))\right]^2 \end{cases} \tag{5.6}$$

特别地，当 $\Delta c_{x_1}=\Delta c_{x_2}=\Delta c$ 时

$$\begin{cases} \prod_{x_1}^*(\Delta c)=\left[\dfrac{1}{3}(Q+c_{x_2}^0+\Delta c-2c_{x_1}^0)\right]^2 \\ \prod_{x_2}^*(\Delta c)=\left[\dfrac{1}{3}(Q+c_{x_1}^0+\Delta c-2c_{x_2}^0)\right]^2 \end{cases} \tag{5.7}$$

结合式（5.6）、式（5.7）可知：企业 x_1 的利益 $\prod_{x_1}^*$ （Δc）是 Δc 的增函数，该函数在 $\Delta c = 0$ 处（即两者完全不共享），取得最小值。由此可见，如果两个企业建立联盟，适当进行知识共享，降低单位生产成本，每个企业的利润均有望比知识不共享时大。

5.2.2 利润均衡性讨论

从上述的利润模型来看，通过知识共享，有望降低企业单位生产成本，促进联盟中企业利润的提升，但是由于企业是独立的经济实体，各企业之间存在利益竞争，每个企业都有可能尽量减少共享自身知识，这使得利润的均衡性将发生变化。以下对这一情况进行讨论。

对于企业 x_1，其利润函数为：$\prod_{x_1}^* (\Delta c_{x_1}, \Delta c_{x_2}) = \left[\frac{1}{3} (Q + c_{x_2}^0 - \Delta c_{x_1} - 2(c_{x_1}^0 - \Delta c_{x_2})) \right]^2$。考虑联盟伙伴 x_2 有两种决策行为，设为 $\Delta c_{x_2}^l$，$\Delta c_{x_2}^h$，分别表示愿意共享较少的知识（消极共享）和较多的知识（积极共享），设 $\Delta c_{x_2}^l < \Delta c_{x_2}^h$。同理，企业 x_1 本身也有两种类似的决策行为，两成员博弈下的得益矩阵如图 5.1 所示。

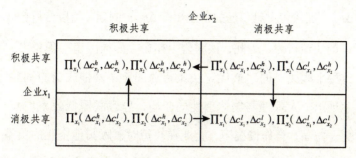

图 5.1 两企业知识共享博弈下的得益矩阵

该模型同时满足以下两个条件[169]：

$$\prod_{x_1}^* (\Delta c_{x_1}^h,\ \Delta c_{x_2}^h) + \prod_{x_2}^* (\Delta c_{x_1}^h,\ \Delta c_{x_2}^h) >$$

$$\prod_{x_1}^* (\Delta c_{x_1}^l,\ \Delta c_{x_2}^h) + \prod_{x_2}^* (\Delta c_{x_1}^l,\ \Delta c_{x_2}^h) \qquad (5.8)$$

$$\prod_{x_1}^* (\Delta c_{x_1}^l,\ \Delta c_{x_2}^h) > \prod_{x_1}^* (\Delta c_{x_1}^h,\ \Delta c_{x_2}^h) >$$

$$\prod_{x_1}^* (\Delta c_{x_1}^l,\ \Delta c_{x_2}^l) > \prod_{x_1}^* (\Delta c_{x_1}^h,\ \Delta c_{x_2}^l) \qquad (5.9)$$

式（5.8）表示在竞争性联盟中，参与者同时相互较多地提供知识，比单个企业较少提供共享知识取得的整体效益大，即联盟成员最大限度的相互协作将获得较大的整体效益。

结合假设 F、图 5.1 及式（5.9）可知，在竞争性联盟中，竞争与合作并存。一方面，竞争情况下，企业 x_1 的利益 $\prod_{x_1}^* (\Delta c_{x_1},\ \Delta c_{x_2})$ 是 Δc_{x_2} 的增函数，是 Δc_{x_1} 的减函数，即在知识共享博弈的过程中，企业 x_1 为了获得自身的最大利益，在不考虑对方决策的情况下，期望尽量获得较多的对方知识

Δc_{x_2}，而较少贡献自己的企业知识 Δc_{x_1}；同理，可以分析企业 x_2 的决策行为。因此，该联盟中存在"囚徒困境"现象[170]，这种个体成员的"最优"决策行为损害了其他成员的利益，表现出个人理性与集体理性的矛盾，导致联盟低效率均衡。另一方面，合作情况下，企业在决策时兼顾其他企业的决策行为，Δc_{x_1} 的取值由 Δc_{x_2} 决定，此时，联盟有望获得较好的运营效果，在 $\prod_{x_1}^*(\Delta c_{x_1}^h, \Delta c_{x_2}^h)$，$\prod_{x_2}^*(\Delta c_{x_1}^h, \Delta c_{x_2}^h)$ 处形成利润均衡。

由此可见，竞争性联盟中，根据企业竞争与合作的决策博弈，知识共享可能得到两种不同的均衡结果。特别地 $\Delta c_{x_1}^l = \Delta c_{x_2}^l = 0$ 时，双方知识共享效用为 0，互不提供知识，较合作情况下的知识共享效用 $\prod_{x_1}^*(\Delta c_{x_1}^h, \Delta c_{x_2}^h)$ 要差一些。这种仅仅从自身利益出发选择最优的分散决策策略，最终导致知识共享瓦解，联盟成员不能取得联盟合作效应。因此，如果竞争性联盟成员各方如果进行"次优"决策，兼顾其他企业的决策行为，则扩大了联盟总体利益，自身也有望获得较好的效果，即在 $\prod_{x_1}^*(\Delta c_{x_1}^h, \Delta c_{x_2}^h)$，$\prod_{x_2}^*(\Delta c_{x_1}^h, \Delta c_{x_2}^h)$ 处形成利润均衡。

上述讨论具有一般性，当联盟对象有 n 个成员时，均可转换为两两相关利益主体的知识共享博弈，企业 x_1 的利润模型可以修改为：$\prod_{x_1}^{*} (\Delta c_{x_1}, \Delta c_{x_j})$, $j = 2, \cdots, n$，其讨论过程与前面讨论相似。

综上所述：不难看出，考虑到竞争性联盟中企业知识共用性，实现跨组织的知识共享、相互提供知识（如产品技术、管理、市场等方面），有望同时增加各企业的利润。但是知识共享博弈过程中也存在"囚徒困境"的现象，联盟成员从利己角度出发的最大化获取他人知识而较少贡献自己知识的机会主义行为将导致知识共享最终无法实现，究其根本原因是知识共享中缺乏约束与激励机制，使得企业贡献程度与收益不对等。因此，为了取得较好的联盟总体效益及个体效益，有必要考虑在知识共享中加入激励机制与约束机制。基于此，本章引入联盟分配权，并根据联盟成员的贡献程度确定分配权（即激励机制），然后对联盟内所有企业的收益进行调整（即约束机制），以此探索各企业协同决策的可行性，促进各成员利益的增加。

5.2.3　收益协调分配模型

1. Shapley 分配模型

前文通过建立得益矩阵，对联盟中的各成员的知识共享决策行为进行了分析，分析表明通过知识共享可以降低总体运营成本，获得较大的整体效益，但是如果各成员要获得较高的利润均衡，关键在于联盟内确定利润分配权，以便对联盟成员的决策行为进行约束和激励。结合前期研究基础[171]，本节将联盟中付出较大贡献的企业设为联盟的核，设定该成员具有联盟的分配权，并利用 Shapley 值法分配机制，依据联盟成员贡献程度进行分配。

经典的 Shapley 值法是由沙普利（Shapley L S，1953）给出的解决 n 个人合作对策问题的一种数学方法，模型指出：当 n 个人从事某项经济活动时，对于他们之中若干人组合的每一种合作形式，都会得到一定的效益，当人们之间的利益活动呈非对抗性时，合作中人数的增加不会引起效益的减少[172]。

虽然竞争性联盟中的成员业务同质，但两者之间可以调整策略以避免利益对抗而进行合作（如前文所述：共享部分技术、管理知识等方面非对抗性的利益合作）。所以，竞争性联盟中的知识共享合作分配模式符合 Shapley 值法的应用前提，且鉴于该模型在处理合作利益分配上的优势[173]，本章应用修正后的 Shapley 值法来描述竞争性联盟中的分配协调问题。

2. 基于贡献程度修正的 Shapley 分配协调模型

基于前节的分析，在知识共享博弈过程中，各成员的贡献程度（即前节中的 Δc_{x_i}）不一样，简单利用 Shapley 值法解决联盟中利益分配问题时，没有考虑联盟内各成员的贡献程度，不利于联盟的成立。因此，联盟分配方式必须体现贡献程度差异性的原则，联盟内部成员的收益必须与企业贡献程度相对应（即 Shapley 值法是在联盟内（n 个成员）贡献程度均等的假设前提下进行的，没有考虑联盟成员贡献程度的差异，应当适当修正）。本章引入联盟分配权，并赋予贡献最大的成员分配权，通过协商，调整联盟成员的收益。

设 Shapley 值法下，根据前文假定可知：联盟的获利为 $v(I)$，联盟成员的分配利益为 $\varphi_{x_i}(v)$，调整后的单个成员实际分得的利益为 $\varphi'_{x_i}(v)$，成员实际承担的贡献程度因子为 $S_{x_i}(i=1,\cdots,n)$，企业单个贡献程度因子的差值为：

$$\Delta S_{x_i} = S_{x_i} - 1/n \quad i = 1,\cdots,n \qquad (5.10)$$

其中 $\sum_{x_i=1}^{n} S_{x_i} = 1$，$\sum_{x_i=1}^{n} \Delta S_{x_i} = 0$，表示在实际合作过程中，成员的贡献程度因子与理想情况下的均等贡献程度因子的差值，因此联盟中成员的实际利益分配修正量为：

$$\varphi'_{x_i}(v) = \varphi_{x_i}(v) + \Delta\varphi_{x_i}(v) \qquad (5.11)$$

其中 $\Delta\varphi_{x_i}(v) = v(I) \times \Delta S_{x_i}$。

经过上述计算，令前节中的 $\prod_{x_i}^{*}(\Delta c_{x_i}, \Delta c_{x_j}) = \varphi'_{x_i}(v)(i, j=1, 2)$，即利用该收益协调分配模型对企业 x_i 的利润进行

调整，以协调各成员的决策行为，保障企业贡献程度与收益对应，在 $\prod_{x_1}^*(\Delta c_{x_1}^h,\ \Delta c_{x_2}^h)$，$\prod_{x_2}^*(\Delta c_{x_1}^h,\ \Delta c_{x_2}^h)$ 形成利润均衡，使联盟整体及成员同时获得较高利润。

5.3 算例分析

为了全面、清晰的反映基于知识共享与利益分配的产业技术创新协调过程，根据前文假设设定，本章将企业联盟后知识共享的收益变化设定为表 5.1 所示。

表 5.1　　企业自营与知识共享下联盟成本变化对比　单位：万元

状态	企业	成本			销售额	利润(约)
		采购及生产成本	综合物流成本	人力及管理成本等		
自营	x_1	187.2	57.6	43.2	320	32
自营	x_2	187.2	57.6	43.2	320	32
知识共享后的联盟	$x_1\cup x_2$	187.2+187.2	46.08+46.8	43.2+43.2	640	87.04

具体数据说明如下：在某一批次的物流运作过程中，企业 x_1、x_2 的物流成本约总成本的占 20%。若两企业不共享知

识，企业 x_1、x_2 分别获利约 32 万元，计为 $v(x_1) = v(x_2) = 32$ 万元。若 x_1、x_2 建立联盟，共同配送，共获利大约为 87.04 万元（如表 5.1 所示）。表 5.1 中，自营状态表示低效率均衡，知识共享后的联盟状态表示高效率均衡。

因此，在实际运营中，竞争性联盟知识博弈过程中可能向低效率均衡演化 $\prod_{x_1}^* (\Delta c_{x_1}^l, \Delta c_{x_2}^l)$，$\prod_{x_2}^* (\Delta c_{x_1}^l, \Delta c_{x_2}^l)$，获得低利润；也可能向高效率均衡演化 $\prod_{x_1}^* (\Delta c_{x_1}^h, \Delta c_{x_2}^h)$，$\prod_{x_2}^*$ $(\Delta c_{x_1}^h, \Delta c_{x_2}^h)$，获得高利润，共同促进联盟总体利润增加了 23.04 万元。但是，在知识共享过程中，由于联盟成员间属于市场竞争对手，成员存在的最大化获取他人知识而较少贡献自己知识的机会主义动机，将导致知识共享最终无法实现高效率均衡。为了促进效率提高和利润增加的最终实现，通过引入 Shapley 值法对利益进行协调，对知识共享后联盟增加的利润进行合理分配，促进成员按照知识贡献度获取增加利润，促进保障知识共享高效率均衡的达成。

在知识共享博弈过程中，由于企业 x_1 共享的知识更多更关键，对共享形成具有主导作用，贡献作用大，经过协商获得联盟分配权。

在分配中，拥有分配权的企业 x_1 利用 Shapley 值法对利益进行分配、调整。将 x_1、x_2 两企业的联盟记为 $I = \{x_1,$

x_2},求得有企业 x_1 参与的所有联盟形式的集合 $s_{x_1} = \{x_1,$
$x_1 \cup x_2\}$,且 $v(x_1) = 32$,$v(x_1 \cup x_2) = 87.04$,按 Shapley 值法
求 φ 的值,企业 x_1 的分配利益 $\varphi_{x_1}(v)$ 的计算如表 5.2 所示。

表 5.2　　　　企业 x_1 的分配利益 $\varphi_{x_1}(v)$ 计算表　　单位:万元

s_1	x_1	$x_1 \cup x_2$
$v(s)$	32	87.04
$v(s \setminus 1)$	32	32
$v(s) - v(s \setminus 1)$	32	55.04
$\lvert s \rvert$	1	2
$w(\lvert s \rvert)$	1/2	1/2
$w(\lvert s \rvert)[v(s) - v(s \setminus 1)]$	16	27.52
$\sum_{s \in s_3} w(\lvert s \rvert)[v(s) - v(s \setminus 1)]$	43.52	
$\varphi'_{x_1}(v)$	47.872	

由此计算得 $\varphi_{x_1}(v) = 43.52$ 万元,同理可得 $\varphi_{x_2}(v) =$
43.52 万元。但是,这种分配方案没有考虑各个成员不同的贡
献程度。在联盟中,企业 x_1 共享的知识更多更关键,适当增
加它在利益分配中的比重是合理的,也有利于调动该企业的
积极性参与共享,达到较高的利润均衡(即 5.2 中的 $\prod^*_{x_1}$
($\Delta c^h_{x_1}$,$\Delta c^h_{x_2}$))。

因此，通过综合分析总体收入与贡献程度，经过双方协商修正因子 S，假定分别为（0.55，0.45）。经计算，ΔS 分别为（1/20，−1/20）。对利润分摊结果进行修正，以体现合理的收益分配，可得：$\varphi'_{x_1}(v) = 43.52 + 4.352 = 47.872$ 万元（如表 5.1 所示），同理得 $\varphi'_{x_2}(v) = 43.52 - 4.352 = 39.168$ 万元。该结果引入联盟分配权，综合考虑联盟收入、成员贡献程度的分配有利于同时提高企业 x_1 和 x_2 的积极性，减少"囚徒困境"的不利影响，在 $\prod^*_{x_1}(\Delta c^h_{x_1}, \Delta c^h_{x_2})$，$\prod^*_{x_2}(\Delta c^h_{x_1}, \Delta c^h_{x_2})$ 处形成利润均衡。

基于上述理论分析及示例讨论，不难看出：通过知识共享和合理分配利益，进而提高企业利润是竞争性联盟中企业价值链升级的一种有效模式，通过该模式实现了竞争性联盟中成员的有效融合。

以上讨论了竞争性联盟中 2 家企业知识共享博弈的情况，不失一般性。当博弈对象为多个时，虽然情况要复杂一些，但可以转换为两两知识共享博弈模型，分配协调方案的讨论过程也基本相似。

5.4　本 章 小 结

本章建立由产业技术创新中 2 家企业组成的竞争性联盟

的知识共享的利润模型，利用该模型对联盟成员的知识共享决策过程进行了分析，利用分配模型对联盟成员的利润分配进行协调，以调整成员的决策行为，并结合示例进行了验证，得出以下结论。

在竞争性联盟中通过跨组织的知识共享，并在引入联盟分配权的机制下进行收益协调，有利于各企业共同促进价值链升级，降低单位成本、提高利润。

基于以上结论，可以得到如下启示。

在产业技术创新过程中，通过建立竞争性联盟时，利用知识共享与合理分配利益，可以优化企业资源的社会化配置方式，提高价值链增值水平，进而促进利润增加，有望提升企业竞争力，并推动竞争性联盟持续、健康、稳定发展。

6

有限理性下产业技术创新
联盟协调模式建模与分析

6.1 理论基础、变量及假设

为了讨论方便，本章主要以产业技术创新联盟内处于同
一层次的同质企业 1 与企业 2（分别用 x_1、x_2 表示）组成的
竞争性联盟为对象进行讨论。模型的变量如下所示：

Q 表示市场需求总量；

q_{x_i} 表示企业 x_i 的产量；

$P(\sum_{i=1}^{n} q_{x_i})$ 表示企业 x_i 价格函数[168]；

c_{x_i} 表示企业 x_i 的边际成本；

y_{x_i} 表示企业 x_i 独立创新时，单位产品增加的创新效益，

$Y_{x_i}(y_{x_i})$ 表示企业 x_i 技术创新的总投入；y'_{x_i} 表示企业 x_i 合作创新时，单位产品增加的创新效益；

C 表示合作创新过程中，企业 x_i 由于中途违约而支付的违约金，β 表示合作创新下企业 x_i 的利益分配系数；

θ_{x_i} 表示企业 x_i 合作创新中对合作企业原有资源的吸收系数；

∂_{x_i} 表示企业 x_i 合作创新中对合作企业新投入资源的吸收系数；

a_{ij} 表示企业 x_i 采用坚持合作策略的比例；

$\pi^0_{x_i}$ 表示企业 x_i 创新前的利润函数；

π_{x_i} 表示企业 x_i 独立技术创新时的利润函数；

π'_{x_i} 表示企业 x_i 合作技术创新后的利润函数；

π'_x 表示企业 x_i 与 x_j 技术合作创新后的总利润函数；

$\Delta\pi$ 表示企业 x_i 与 x_j 合作创新后，增加的总收益量；

$\Delta\pi_{x_i}$ 表示企业 x_i 合作创新后，由于学习对方原有技术（知识）产生的收益增加量；

$\Delta\pi'_{x_i}$ 表示企业 x_i 中途违约后独自创新的收益增加量。

为了便于研究，作如下假设：

假设 A　以两同质企业的技术合作创新为对象进行讨论，用 $x_i (i=1,\ 2)$ 表示。

假设 B 合作前，企业可能具有取得竞争优势的专有性核心资源（如知识、技术等），这部分资源是企业花费高昂成本获得的，考虑到合作溢出有可能培养强劲的竞争对手，假设通过对合作对象选择，合作过程中存在合作双方均不溢出或合作双方均溢出。当合作双方均溢出时，部分专有性资源可能被合作伙伴获取，进而使得其边际成本降低。此时，企业 x_i 的边际成本变为 $(1-\theta_{x_i})c_{x_i}^0$，其中 $0<\theta_{x_i}<1$（特别地，$\theta_{x_i}=0$ 表示双方均不溢出），$i=1$，2；$\partial_{x_i}y_{x_j}$ 表示企业 x_i 吸收合作企业 x_j 投入资源而使得单位产品增加的效益，其中 $0\leqslant\partial_{x_i}\leqslant1$，$i=1$，2。$\theta_{x_i}$ 与 ∂_{x_i} 的取值表明了合作企业的吸收能力。

假设 C 考虑到企业合作创新竞争与合作并存，将企业可能出现的决策方式分为坚持合作与中途违约，假定两种方式下的企业产量相同；坚持合作时，企业增加的利益主要来自合作创新分配利益 $\beta\Delta\pi$ 和学习对方原有技术（即技术溢出）增加的利益 $\Delta\pi_{x_1}$；中途违约时，企业增加的利益主要来自中途违约后获得履约方投入（如新技术、工艺、方法、服务等）独自进行创新的利益增加量 $\Delta\pi'_{x_1}$ 和学习对方原有技术（即技术溢出）增加的利益 $\Delta\pi_{x_1}$。

假设 D a_{12} 表示企业 x_1 采用坚持合作的决策比例，$1-a_{12}$ 表示企业 x_1 中途违约的决策比例，a_{21} 表示企业 x_2 采用坚持合作的决策比例，$1 - a_{21}$ 表示企业 x_2 中途违约的决策比例。

6.2 模型构建及分析

6.2.1 两种决策下的利润模型

1. 独立创新的利润模型

基于前人研究基础[168]，构造企业 x_i 独立创新下的利润

模型：

$$\pi_{x_i}^0 = q_{x_i}\left(P\left(\sum_{i=1}^{2} q_{x_i}\right) - c_{x_i}^0\right), \quad i = 1, 2 \qquad (6.1)$$

令 $\dfrac{\partial \pi_{x_1}^0}{q_{x_1}} = 0$，$\dfrac{\partial \pi_{x_2}^0}{q_{x_2}} = 0$，可求得企业竞争均衡时的产量：

$$\begin{cases} q_{x_1}^* = \dfrac{1}{3}\left(Q + c_{x_2} - 2c_{x_1}^0\right) \\[3mm] q_{x_2}^* = \dfrac{1}{3}\left(Q + c_{x_1} - 2c_{x_2}^0\right) \end{cases} \qquad (6.2)$$

结合前人研究基础[168,175]，当企业 x_1、x_2 独立创新时，其利

润函数可以表示为：

$$\begin{cases} \pi_{x_1} = q_{x_1} \cdot \left(Q - q_{x_1} - q_{x_2} - c_{x_1}^0 + y_{x_1}\right) - Y_{x_1}(y_{x_1}) \\[3mm] \pi_{x_2} = q_{x_2} \cdot \left(Q - q_{x_1} - q_{x_2} - c_{x_2}^0 + y_{x_2}\right) - Y_{x_2}(y_{x_2}) \end{cases} \qquad (6.3)$$

2. 合作创新的利润模型

结合式（6.2）、式（6.3），得两企业技术合作创新下的总收益和增加的总收益量，分别如式（6.4）、式（6.5）：

$$\pi_x' = q_{x_1} * [Q - q_{x_1} - q_{x_2} - (1 - \theta_{x_1})c_{x_1}^0 + y_{x_1} + \partial_{x_1}y_{x_2}] - Y_{x_1}(y_{x_1}) +$$
$$q_{x_2} * [Q - q_{x_1} - q_{x_2} - (1 - \theta_{x_2})c_{x_2}^0 + y_{x_1} + \partial_{x_2}y_{x_1}] - Y_{x_2}(y_{x_2})$$

$$(6.4)$$

$$\Delta\pi = \pi_x' - \pi_{x_1} - \pi_{x_2} \qquad (6.5)$$

两企业合作后，企业获得的分配利益根据自身企业对合作伙伴新投入资源的吸收能力确定，如式（6.6）：

$$\begin{cases} \beta\Delta\pi = q_{x_1}\partial_{x_1}y_{x_2} \\ (1-\beta)\Delta\pi = q_{x_2}\partial_{x_2}y_{x_1} \end{cases} \qquad (6.6)$$

两企业合作后，由于技术溢出对企业增加的收益，如式（6.7）：

$$\begin{cases} \Delta\pi_{x_1} = q_1 * \theta_{x_1} * c_{x_1}^0 \\ \Delta\pi_{x_2} = q_2 * \theta_{x_2} * c_{x_2}^0 \end{cases} \qquad (6.7)$$

3. 两种决策模式下的利益对比分析

根据以上假设和推论，可得两企业两种不同决策方式下的得益矩阵（如图6.1）。

企业 x_2

	坚持合作	中途违约
坚持合作	$\pi_{x_1}+\Delta\pi_{x_1}+\beta\Delta\pi,\pi_{x_2}+\Delta\pi_{x_2}+(1-\beta)\Delta\pi$	$\pi_{x_1}+\Delta\pi_{x_1}+C,\pi_{x_2}+\Delta\pi_{x_2}+\Delta\pi'_{x_2}-C$
中途违约	$\pi_{x_1}+\Delta\pi_{x_1}+\Delta\pi'_{x_1}-C,\pi_{x_2}+\Delta\pi_{x_2}+C$	π_{x_1},π_{x_2}

企业 x_1

图 6.1　两企业创新博弈下的得益矩阵

图 6.1 中，企业 x_1 选择坚持合作时，其收益主要由企业原有利益 π_{x_1}，合作创新分配利益 $\beta\Delta\pi(\beta\Delta\pi=q_{x_1}\partial_{x_1}y_{x_2})$ 和学习对方原有技术（即技术溢出）增加的利益 $\Delta\pi_{x_1}(\Delta\pi_{x_1}=q_1*\theta_{x_1}*c^0_{x_1})$ 三部分构成；选择中途违约时，企业 x_1 的收益主要由企业原有利益 π_{x_1}，学习对方原有技术（即技术溢出）增加的利益 $\Delta\pi_{x_1}$，中途违约后获得履约方投入（如新技术、工艺、方法、服务等）独自进行创新的利益增加量 $\Delta\pi'_{x_1}$，支付违约金 C 共四部分组成。同理可以分析企业 x_2 坚持合作与中途违约的情况。当两企业始终采用违约策略时，不发生合作关系。

综上所述，当 $\theta_{x_i}>0$，$\partial_{x_i}>0(i=1,2)$ 时，存在 $\Delta\pi>0$，$\Delta\pi_{x_i}>0$，即通过合作创新，利用资源的社会化配置，有望实现整体利益的增加；而 θ_{x_i} 与 ∂_{x_i} 越大，则 $\Delta\pi_{x_i}$ 和 $\Delta\pi$ 越大，

表明合作企业双方的吸收能力越强，增加的整体利益越大。因此，通过对合作对象的甄别与选择，挑选吸收能力强的合作伙伴，有望促进整体利益的增加。

6.2.2 演化博弈过程分析

1. 演化博弈模型的建立及求解

在现实运营中，企业都是独立的非完全共同利益主体，企业的决策可能随合作环境的改变（即 β 与 C 的变化）而改变，本节将对企业不同状态下的决策演化过程进行分析，进一步讨论企业横向合作决策演化机理。

结合前人研究基础[176]，可知：企业 x_1 选择坚持合作的利益期望为 $\mu_{11}(x_1) = a_{12}(\pi_{x_1} + \Delta\pi_{x_1} + \beta\Delta\pi) + (1 - a_{12})$ $(\pi_{x_1} + \Delta\pi_{x_1} + C)$，选择中途违约的利益期望为 $\mu_{12}(x_1) = a_{12}$ $(\pi_{x_1} + \Delta\pi_{x_1} + \Delta\pi'_{x_1} - C) + (1 - a_{12})\pi_{x_1}$，则企业 x_1 的平均期望收益为 $\overline{\mu_1} = a_{21}\mu_{11}(x_1) + (1 - a_{21})\mu_{12}(x_1)$；由此可得，企业 x_1 选择坚持合作的重复动态方程为：$\Delta a_{12} = da_{12}/dt = a_{12}(\mu_{11} - \overline{\mu_1})$。同理可得：企业 x_2 选择坚持合作的重复动态方程为：$\Delta a_{21} = da_{21}/dt = a_{21}(\mu_{21} - \overline{\mu_2})$。

此时，两企业的重复动态方程组为：

$$\begin{cases} \Delta a_{12} = da_{12}/dt = a_{12}(\mu_{11} - \overline{\mu_1}) \\ \Delta a_{21} = da_{21}/dt = a_{21}(\mu_{21} - \overline{\mu_2}) \end{cases} \tag{6.8}$$

对方程组 (6.8) 进行变换可得方程组 (6.9):

$$\begin{cases} da_{12}/dt = a_{12}(1 - a_{12})\left[(\beta\Delta\pi - \Delta\pi'_{x_1} + C)a_{21} + (\Delta\pi_{x_1} + C)(1 - a_{21})\right] \\ da_{21}/dt = a_{21}(1 - a_{21})\left[((1 - \beta)\Delta\pi - \Delta\pi'_{x_2} + C)a_{12} + (\Delta\pi_{x_2} + C)(1 - a_{12})\right] \end{cases}$$

$$(6.9)$$

结合前人研究基础[176]，当系统处于稳定时，方程组中的

两方程同时为 0，即 $\begin{cases} da_{12}/dt = 0 \\ da_{21}/dt = 0 \end{cases}$，对 a_{12}，a_{21} 的求解如下

所示:

(1) 当 $da_{12}/dt = 0$，$da_{21}/dt = 0$（即系统稳定时），$a_{12} = 0$ 或 1; $a_{21} = 0$ 或 1;

(2) 当 $da_{12}/dt = 0$，$da_{21}/dt = 0$（即系统稳定时）且 $a_{12} \neq 0$，$a_{21} \neq 0$，可得:

$$\begin{cases} a_{12}^* = (C + \Delta\pi_{x_2})/\left[\Delta\pi'_{x_2} - (1 - \beta)\Delta\pi + \Delta\pi_{x_2}\right] \\ a_{21}^* = (C + \Delta\pi_{x_1})/(\Delta\pi'_{x_1} - \beta\Delta\pi + \Delta\pi_{x_1}) \end{cases}$$

$$(6.10)$$

由此形成 5 个系统局部稳定点，分别为 $A_1(0, 0)$，$A_2(1, 0)$，$A_3(1, 1)$，$A_4(0, 1)$，及 $A_5(a_{12}^*, a_{21}^*)$，以下对两企业合作演化的博弈过程进行具体分析。

2. 企业决策的演化博弈分析

根据假设 B，在合作过程中，两企业之间可能由于合作发生技术溢出，也可能不出现技术溢出，以下对这两种情况

分别进行讨论：

1）合作不溢出时企业决策演化博弈。

当两企业合作创新过程中不溢出时（如两企业均处于相对较低技术水平，无专有性核心知识、技术等资源；或者两企业为了保持自己的竞争优势，故意隐藏自身专有性核心资源等），此时 $\theta_{x_1} = \theta_{x_2} = 0$，$\Delta\pi_1 = \Delta\pi_{x_2} = 0$，则式（6.10）修改为：

$$\begin{cases} a_{12}^* = C/\left[\Delta\pi_{x_2}' - (1-\beta)\Delta\pi\right] \\ a_{21}^* = C/(\Delta\pi_{x_1}' - \beta\Delta\pi) \end{cases} \tag{6.11}$$

令 $F(a_{12}) = da_{12}/dt = 0$，则 $F'(a_{12}) = (1-2a_{12})\left[C - (\Delta\pi_{x_i}' - \beta\Delta\pi)a_{21}\right]$；令 $F(a_{21}) = da_{21}/dt = 0$，则 $F'(a_{21}) = (1-2a_{21})\{C - \left[\Delta\pi_{x_2}' - (1-\beta)\Delta\pi\right]a_{12}\}$，根据前人研究基础[177]，可知：当 $F(a_{12}) = 0$ 且 $F'(a_{12}) < 0$ 或 $F(a_{21}) = 0$ 且 $F'(a_{21}) < 0$ 时，企业博弈演化形成的状态是进化稳定策略，则：

（1）当 $a_{21} > C/(\Delta\pi_{x_1}' - \beta\Delta\pi)$，且 $F'(0) < 0$，$F'(1) > 0$，则 $a_{12} = 0$ 是进化稳定策略；

（2）当 $a_{21} < C/(\Delta\pi_{x_1}' - \beta\Delta\pi)$，且 $F'(0) > 0$，$F'(1) < 0$，则 $a_{12} = 1$ 是进化稳定策略；

（3）当 $a_{12} > C/\left[\Delta\pi_{x_2}' - (1-\beta)\Delta\pi\right]$，且 $F'(0) < 0$，$F'(1) > 0$，则 $a_{21} = 0$ 是进化稳定策略；

(4) 当 $a_{12} < C/[\Delta\pi'_{x_2} - (1-\beta)\Delta\pi]$，且 $F'(0) > 0$，$F'(1) < 0$，则 $a_{21} = 1$ 是进化稳定策略；

将上述结论用坐标平面可以表示为图 6.2。

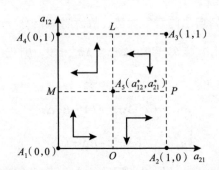

图 6.2　合作不溢出时两企业创新决策路径演化趋势

对上述的经济意义可以解释为：合作双方适当调整违约金 C、分配系数 β，可以对两企业的博弈演化进行控制，具体表现为：

(1) 当 $\beta\Delta\pi > (\Delta\pi'_{x_1} - C)$ 且 $(1-\beta)\Delta\pi > (\Delta\pi'_{x_2} - C)$，决策初始点位于 MA_1OA_5 区域，表示的含义为：当企业 x_1 与企业 x_2 合作创新，企业 x_1 获得的合作收益大于违约收益，最终选择坚持合作；同时，企业 x_2 获得的合作收益大于违约收益，最终选择坚持合作，$a_{12} = 1$，$a_{21} = 1$ 成为演化均衡策略。

(2) 当 $\beta\Delta\pi < (\Delta\pi'_{x_1} - C)$ 且 $(1-\beta)\Delta\pi < (\Delta\pi'_{x_2} - C)$，决

策初始点位于 LA_3PA_5 区域，表示的含义为：当企业 x_1 与企业 x_2 合作创新，企业 x_1 获得的合作收益小于违约收益，最终选择中途违约；同时，企业 x_2 获得的合作收益小于违约收益，最终选择中途违约，$a_{12}=0$，$a_{21}=0$ 成为演化均衡策略。

（3）当 $\beta\Delta\pi>(\Delta\pi'_{x_1}-C)$ 且 $(1-\beta)\Delta\pi<(\Delta\pi'_{x_2}-C)$ 时，决策初始点位于 A_4LA_5M 区域，表示的含义为：当企业 x_1 与企业 x_2 合作创新，企业 x_1 获得的合作收益大约违约收益，最终选择坚持合作；同时，企业 x_2 获得的合作收益小于违约收益，最终选择中途违约，$a_{12}=1$，$a_{21}=0$ 成为演化均衡策略。

（4）当 $\beta\Delta\pi<(\Delta\pi'_{x_1}-C)$ 且 $(1-\beta)\Delta\pi>(\Delta\pi'_{x_2}-C)$ 时，决策初始点位于 OA_2PA_5 区域，表示的含义为：当企业 x_1 与企业 x_2 合作创新，企业 x_1 获得的合作收益小于违约收益，最终选择中途违约；同时，企业 x_2 获得的合作收益大于违约收益，最终选择坚持合作，$a_{12}=0$，$a_{21}=1$ 成为演化均衡策略。

由此可见，MA_1OA_5 面积越大，企业合作创新的概率越大。企业之间在技术合作创新时，一方面，两企业通过交互影响，整合创新要素，有望利用规模化与资源互补优势（如高知识度、高技术度等融合下的互动创新），在组织、人力、知识等方面发挥协同效应[151]，提升单位资源的利用率。另一方面，在合作成员内部通过合理配置违约金和分配比例，利用经济手段对失信行为进行约束，一定程度上可以防止合作伙伴的失信行为，限制合作过程中的机会主义行为，有助于实现合作稳定，进而提高资源配置效益。

2）合作溢出时企业演化博弈。

结合假设 B，当两企业合作创新时，如果只有一方专有性核心资源（如知识、技术等）溢出，则 $\theta_{x_1} \neq 0$ 或 $\theta_{x_2} \neq 0$，$\Delta \pi_1 \neq 0$ 或 $\Delta \pi_{x_2} \neq 0$。由于企业合作创新时，合作与竞争并存，当其中一方在合作溢出中受益，而另一方并未受益时，如果受益方不能充分补偿非受益方，则将导致非受益方的专有性核心资源流失，进而可能使该企业丧失竞争优势，间接培养较强的竞争对手。因此，非受益方在未获得高额的补偿前（本章暂不考虑溢出补偿问题），会隐藏自身的资源，最终使得双方均不发生合作溢出，此时情况与前文中的讨论相同。因此，在合作过程中，双方均发生溢出时，合作更容易产生，以下对该情况进行讨论。

结合式（6.11）和前文中的讨论，此时均衡点 A_5 转移至 A_5'，存在
$$\begin{cases} a_{12}^* = (C + \Delta \pi_{x_2})/\left[\Delta \pi_{x_2}' - (1-\beta)\Delta \pi + \Delta \pi_{x_2}\right] \\ a_{21}^* = (C + \Delta \pi_{x_1})/(\Delta \pi_{x_1}' - \beta \Delta \pi + \Delta \pi_{x_1}) \end{cases}$$
，如图 6.3 所示。

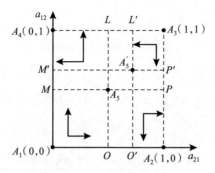

图 6.3　合作双方均溢出时创新决策路径演化趋势

图 6.3 中 A_5' 分别表示的意义是：企业 x_1、x_2 在合作溢出中分别获得收益 $\Delta\pi_{x_1}$、$\Delta\pi_{x_2}$。即双方合作溢出情况下，合作双方的利益均会增加，该决策演化分析过程与 6.2.1 中类似，此时的违约金可修改为 $C' \in [C + \Delta\pi_{x_1},\ C + \Delta\pi_{x_2}]$，基于6.2.1 中的分析可知：

当 $[(1-\beta)\Delta\pi] > (\Delta\pi_{x_2}' - C' + \Delta\pi_{x_2})$ 且 $\beta\Delta\pi > (\Delta\pi_{x_1} + \Delta\pi_{x_1}' - C')$ 时，$M'A_1O'A_5'''$ 面积较大，则双方的合作概率较大，具体表示的含义为：当企业 x_1 与企业 x_2 合作创新，企业 x_1 获得的合作收益大于违约收益，最终选择坚持合作；同时，企业 x_2 获得的合作收益大于违约收益，最终选择坚持合作，$a_{12} = 1$，$a_{21} = 1$ 成为演化均衡策略。

基于 6.2 的分析可知：在企业合作创新过程中，通过资源的社会化配置，利用整合创新要素，有望促进各企业利润的增加。同时，由于合作企业间没有严格的组织约束和保障，彼此之间不存在行政性的隶属关系，企业间没有一个总览全局的高层控制者实现有效协调管理，企业在横向合作创新时，机会主义比在金字塔制的企业组织内部更容易发生。因此，在满足合作条件下，适当调控违约金 C 和利益分配系数 β，保护自己在合作创新中的既得利益和核心竞争力，有利于规避合作伙伴机会主义行为的发生，使合作创新向互利互惠的状态发展。但是，随着违约金 C 的增加，防范成本过大时，将会出现 6.2.2 中的描述的情况，使得技术创新合作出现不稳定，导致合作不成功。

因此，企业横向合作创新时，合作成员设计合理的防范机制（如适当调整违约金、分配比例等）有利于减少机会主义行为的发生，增加参与合作创新企业的收益和避免有力竞争对手的出现，形成良好的合作行为规范和合作创新氛围，优化资源的社会化配置，推动企业技术创新合作的可持续发展。

6.3 数值算例与分析

为了全面、清晰地反映企业合作创新的演化博弈过程，

本章将以企业 x_1 为算例对其演化博弈的过程进行讨论，并运用 Matlab R2012b 软件进行模拟。

设定演化博弈中得益矩阵中各参数值分别如下：令 Y_{x_1} $(y_{x_1}) = y_{x_1}^2/2$，$Q = 8$；$c1 = c2 = 2y_{x_1} = y_{x_2} = 2$，$C = 0.5$，$\beta = 0.5$（表示两企业平均分配），$\Delta\pi = 3$，$\Delta\pi'_{x_1} = \Delta\pi'_{x_2} = 2.5$，$\Delta\pi_{x_1} = \Delta\pi_{x_2} = 2$，则 $\theta_{x_1} = \theta_{x_2} = \Delta\pi_{x_1}/(q_1 * c_{x_1}^0) = 2/(2*2) = 0.5$，满足 $0 \leq \theta_{x_i} \leq 1 (i = 1, 2)$ 的条件；$\partial_{x_1} = q_{x_1} y_{x_2}/(\beta\Delta\pi) = 2*2/(0.5*3) = 0.375$，同理，$\partial_{x_2} = 0.375$，满足 $0 \leq \partial_{x_i} \leq 1 (i = 1, 2)$ 的条件；$\pi_{x_1} = \pi_{x_2} = 6$，$a_{12}^* = \dfrac{0.5}{2.5 - 0.5*3} = 0.5$。

当 a_{12} 的初始值取 0.2 时，对于企业 x_1，存在 $\beta\Delta\pi = 0.5 * 3 < (\Delta\pi'_{x_1} - C) = 2.5 - 0.5$，对于企业 x_2 来，存在 $(1-\beta)\Delta\pi = 0.5 * 3$，$(\Delta\pi'_{x_2} - C) = 2.5 - 0.5 = 2$，则 $(1-\beta)\Delta\pi < (\Delta\pi'_{x_2} - C)$，满足 6.2.1 中第 1 点的决策演化条件，对企业 x_1 的决策演化过程进行模拟可得图 6.4。

图 6.4 中当 a_{12} 的初始值取 0.2（此时 $a_{12} < a_{12}^*$）所示，曲线逐渐向中的向 $a_{12} = 1$ 演化。同理可以分析企业 x_2 的决策演化过程也是向 $a_{21} = 1$ 逐渐演化，因此（坚持合作，坚持合作）就成为两企业决策的进化稳定策略；同理可以分析当 $a_{12} = 0.8$（此时 $a_{12} > a_{12}^*$）时，（中途违约，中途违约）就成为两企业决策的进化稳定策略，两企业的合作创新博弈得益

矩阵如图 6.5 所示。

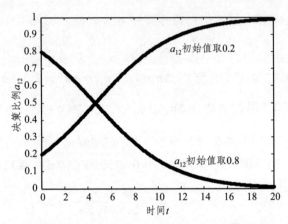

图 6.4 $a_{12} = 0.2$ 和 $a_{12} = 0.8$ 随时间演化过程

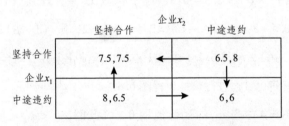

图 6.5   合作不溢出时企业创新博弈下的得益矩阵

同理可以分析两企业存在合作溢出的情况，得益矩阵如图 6.6 所示。

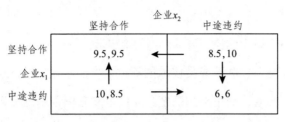

图 6.6 合作双方均溢出时企业创新博弈下的得益矩阵

6.4 本 章 小 结

本章针对产业技术创新中，有限理性下竞争性联盟成员合作创新的决策交互问题，建立了基于 Cournot 模型扩展后的企业创新利润模型，利用演化博弈对企业不同状态下的合作创新决策过程进行了分析，并结合仿真算例进行了验证，研究表明：

（1）有限理性下竞争性联盟成员合作创新决策演化过程中，通过交互影响，有望达成合作创新，利用资源的社会化配置，促进合作企业整体利益的增加，而合作创新主体吸收能力越强越有利于合作整体利益的增加。

（2）创新合作过程中，合作成员采取一定的防范机制（如适当调整违约金、利益分配比例等）有利于减少机会主义行为的发生，增加参与合作创新企业的收益与避免有力竞争对手的出现，形成良好的合作氛围和行为规范，促进合作创新，提高资源社会化配置效益。

基于以上结论，可以得到如下启示：

在竞争性联盟成员技术创新过程中，通过加强企业之间交互、沟通，利用高知识度、高技术度等融合下的互动，实施选择性的合作创新，有利于发挥资源投入的规模经济效应和范围经济效应，弥补单个企业资源投入有限的不足；同时，在合作创新中，企业的吸收能力对于合作稳定与整体利益的增加起着重要作用，这也从侧面说明了企业需要在创新能力建设方面加强"练内功"的现实性与迫切性；同时，利用经济手段控制合作机会主义行为的发生，有望发挥资源协同配置与集成优势，在多家企业合作范围内提高单位资源利用率，进而促进参与企业利润持续增长，推动企业技术创新合作的持续、稳定、健康发展。

另外，本章主要分析了产业技术创新中，有限理性下竞争性联盟成员合作创新的决策过程，在合作创新实践中，如何准确判断企业的吸收能力、设置违约金和利益分配比例以激励与约束合作创新行为，以及合作溢出量不确定下的企业技术创新合作模式等还需要进一步深入研究。

7

基于两阶段知识共享的产业技术
创新联盟协调模式建模及分析

7.1　理论基础、变量及假设

根据前文对基于两阶段知识共享的产业技术创新联盟协调模式的描述，联盟成员利用知识获得的效用由两阶段构成，分别是第一阶段的自组织知识共享与第二阶段的他组织知识共享。本章在前期[171]关于联盟成员决策研究的基础上，建立联盟成员两阶段知识共享博弈模型，具体分解为基于位势和效用的知识共享博弈、基于激励和效用的知识共享博弈。模型的变量及假设如下：

s_i 表示成员 i 拥有的个体私有知识存量（简称知识量）；

g_{1i} 表示成员 i 自组织知识共享阶段提供的用于共享的知

识量（简称知识贡献），g_{2i} 表示联盟成员 i 他组织知识共享阶段提供的用于共享的知识量；

S_i 表示联盟成员 i 拥有的知识总量；

G 表示联盟知识，其中 G_1 表示成员 i 能够通过自组织知识共享获得的联盟知识，其弹性系数为 β；G_2 表示成员 i 在他组织知识共享中能够获得的联盟知识，其弹性系数也为 β；

c_{c_i} 表示联盟（或政府）对成员 i 贡献知识量每单位的平均激励；

M_i 表示联盟（或者政府）对成员 i 创新投入的激励；

v_i 表示成员 i 在自组织知识共享中利用个体知识和联盟知识进行运作取得的效用；

u_i 表示成员 i 在他组织知识共享中利用知识投入和联盟知识进行运作取得的效用；

p_i 表示成员 i 开展他组织知识共享（如为关键、共性技术提供基础理论知识研究）时，产生的工作量；

α_1 和 α_2 表示两阶段知识共享中的弹性系数，是个体特征具体表现；

c_{p_i} 表示联盟（或者政府）对成员 i 知识共享工作量每单位的平均激励；

A_i 表示联盟期间成员将知识资源转化为企业价值的能力水平；

根据基于两阶段知识共享的产业技术创新联盟协调模式描述，设定以下假设：

假设 A 假设联盟成员 i 能够获取的联盟知识 G 由自组织知识共享部分和他组织知识共享部分构成，$G = G_1 + G_2$，联盟各成员提供的共享知识有利于知识存量的增加，可以实现积累和加总，各成员获得知识不存在障碍，即 $G_1 = \sum_{i=1}^{n} g_{1i}$，同理 $G_2 = \sum_{i=1}^{n} g_{2i}$；并假定考虑这些知识具有准公共属性，联盟成员 i 获取联盟知识不产生交易费用；

假设 B 基于前人研究基础[62][66]，第一阶段博弈过程中，基于柯布—道格拉斯函数建模思路，s_i 表示联盟成员 i 拥有的个体私有知识量，其弹性系数反应个体特征的属性，设定其弹性系数 $\alpha_1 > 0$，用 v_i 为效用；知识共享后，假设联盟各成员 i 利用知识的效用函数 v_i 与个体知识和能够获取的所有联盟知识相关，则其效用函数[171]。可以表示为 $v_i(s_i, G_1)$，$v_i = A_i(s_i + \Delta s_i)^{\alpha_1} G_1^{\beta}$，其中 Δs_i 表示在自组织知识共享过程中由于知识溢出获得的知识增量，是协同增效价值的体现[178]；

假设 C 第二阶段博弈过程中，基于柯布—道格拉斯函数建模思路，p_i 为其创新投入过程中产生的工作量，是共享行为的付出，设定其弹性系数 $\alpha_2 < 0$（如成员个体投入贡献较小，不能抵消联盟为成员知识共享的间接投入），而知识共享总量 G_2，个体可以从中获得一定的收益，其弹性系数 $0 < \beta < 1$；设 u_i 为效用，通过创新投入获得的效用为 $u_i = A_i p_i^{\alpha_2} G_2^{\beta}$；

假设 D　个体成员获得知识共享效用由两阶段共同构成，即 $Z_i = v_i + u_i$，假定知识共享效用函数值 v_i 与变量 s_i、G_1 的值成正比，即 $\frac{\partial v_i}{\partial G_1} > 0$，$\frac{\partial v_i}{\partial s_i} > 0$；且个体知识与联盟知识的边际效用递减，即 $\frac{\partial^2 v_i}{\partial G_1 \partial s_i} > 0$，$\frac{\partial^2 v_i}{\partial G_1^2} < 0$，$\frac{\partial^2 v_i}{\partial s_i^2} < 0$；同理对效用函数值 u_i 与变量 p_i、G_2 也作相同假设。

7.2　模型构建及分析

7.2.1　第一阶段——基于位势和效用的知识共享博弈

此阶段，联盟中的各个成员通过分享私有知识，开展自组织知识共享（如高校和科研院所向企业转移基础理论知识，企业向高校和科研院所转移技术、市场等知识），形成知识链。由于各成员的成长环境、组织结构、资源配置等不同，加上联盟承担的任务也存在差异，各成员在联盟中形成了不同的位势，本章基于博弈论中的均衡思路，分别讨论分散决策和集中决策下的知识共享均衡。

1. 分散决策下的自组织知识共享效用

该方式主要指联盟中成员位势相当（如各成员地位相同，通过协商推动知识共享），根据前文分析，成员取得的知识效用 Z_i 取决于知识共享过程中的 v_i，令 $v_i = \max\{A_i(s_i + \Delta s_i)^{\alpha_1} G_1^{\beta}\}$，此时联盟成员采用分散决策方式开展知识共享，其知识共享模型如式（7.1）：

$$
\begin{cases}
\max\{A_i(s_i + \Delta s_i)^{\alpha_1} G_1^{\beta}\} \\
s.t.\ S_i = s_i + g_{1i} \\
s_i \geq 0,\ g_{1i} \geq 0
\end{cases}
\tag{7.1}
$$

其中，知识共享约束条件为：$S_i = s_i + g_{1i}$，则知识共享稳定后 $S_i^* = s_i + \Delta s_i + g_{1i}$。由于在知识共享过程中，对联盟成员来讲，$s_i$ 是个体保留私有知识，G_1 是知识共享总量，由于成员可以从私有知识和联盟知识获得一定的收益，结合假设 B，将二者的弹性系数分别设定为：$0 < \alpha_1 < 1$，$0 < \beta < 1$，且 $0 < \alpha_1 + \beta < 1$。

知识共享过程中，单个成员在其他成员的影响下，选择自己的最优策略 $(s_i,\ G_1)$，为求得最优配置，其拉格朗日函

数为:

$$L_i = A_i (s_i + \Delta s_i)^{\alpha_1} G_1^{\beta} + \lambda (S_i - s_i - g_{1i}) \qquad (7.2)$$

对式（7.2）求微分，并令其为 0，由此，联盟中单个成员最优的决策条件可以描述为:

$$\begin{cases} \dfrac{\partial L_i}{\partial g_{1i}} = A_i (s_i + \Delta s_i)^{\alpha_1} \beta G_1^{\beta-1} - \lambda = 0 \\[3mm] \dfrac{\partial L_i}{\partial s_i} = A_i \alpha_1 (s_i + \Delta s_i)^{\alpha_1 - 1} G_1^{\beta} - \lambda = 0 \end{cases} \qquad (7.3)$$

对方程组（7.3）进行变换、整理，可得:

$$\frac{\beta (s_i + \Delta s_i)}{\alpha_1 G_1} = 1 \qquad (7.4)$$

由假设 B 设定，由于知识具有溢出性，设定共享过程中溢出量为 Δs_i，考虑协同倍增价值，则单个成员知识共享后的知识存量为 $S_i^* = s_i + \Delta s_i + g_{1i}$，结合式（7.4），并整理，得到联盟成员知识共享博弈后其知识共享 g_{1i}':

$$g_{1i}' = \frac{\beta}{\alpha_1 + \beta} (S_i + \Delta s_i) - \frac{\alpha_1}{\alpha_1 + \beta} \sum_{j \neq i} g_{1j}, \ j = 1, \ 2, \ \cdots, \ n$$

$$(7.5)$$

从联盟整体来看，在分散决策下，联盟成员的知识共享将形成纳什均衡，联盟中其他成员的知识共享 $\sum_{j \neq i} g_{1j}$ 会对成员 i 产生挤出效应，会抑制单个成员的知识贡献，从而造成了整个联盟的社会福利损失；从单个成员来看，上述知识共享将造成"囚徒困境"。另外，在知识共享中 $\dfrac{\beta}{\alpha_1+\beta}$ 、（S_i + Δs_i）、$\dfrac{\alpha_1}{\alpha_1+\beta}$ 也是影响成员的重要因素，以下分别分析其中的影响程度：

1）由前文假设可知：$0<\beta<1$，$0<\alpha_1+\beta<1$，当 $\alpha_1\to1$，$\beta\to0$ 时，则 $\dfrac{\alpha_1}{\alpha_1+\beta}\to1$，从联盟整体来看，这表明联盟服务能力差，这类成员一般认为在知识共享过程中联盟知识对其影响相对很小，而不进行知识共享，比如联盟中部分成员掌握核心技术数据、信息和知识，不愿意共享知识。

2）当 $\alpha_1\to0$，$\beta\to1$ 时，则 $\dfrac{\beta}{\alpha_2+\beta}\to1$，这表明单个成员利用联盟知识获得效用优于利用私有知识，而且成员知识存量及溢出量（$S_i+\Delta s_i$）越大（对于知识溢出的情况 Δs_i，这里暂不讨论），则单个成员对联盟知识存量共享越大，这也表明核心成员对联盟福利贡献的重要性；从联盟整体来看，由于联盟服务能力强，单个成员利用联盟知识优于利用私有知识取得的效用，愿意进行知识共享，比如产业技术创新联盟构建初期，大量成员从联盟中获得大量知识，提升自身水平。

2. 集中决策下的自组织知识共享效用

该方式主要指联盟中成员地位存在差异（如在联盟中当

企业作为技术创新与知识共享的主体时，企业与科研院所（或高校）之间存在的地位差异，企业是知识共享和创新投入的主导者，是"盟主"），此时联盟中的知识共享采用集中决策方式，"盟主"将联盟获得最大效用作为知识共享方式决策依据，成员效用 Z_i 主要取决于知识共享过程中的 v_i，$v_i = \max \{ \sum_{i=1}^{n} A_i (s_i + \Delta s_i)^{\alpha_1} G_1^{\beta} \}$，其知识共享模型为：

$$\begin{cases} \max \{ \sum_{i=1}^{n} A_i (s_i + \Delta s_i)^{\alpha_1} G_1^{\beta} \} \\ s.t. \ \sum_{i=1}^{n} S_i = \sum_{i=1}^{n} s_i + G_1 \\ s_i \geq 0, \ g_{1i} \geq 0 \end{cases} \quad (7.6)$$

其约束条件为：$\sum_{i=1}^{n} S_i = \sum_{i=1}^{n} s_i + G_1$。则联盟中，盟主考虑联盟取得最优策略下，进行知识资源配置，单个成员的策略为 (s_i, G_1)，为求得联盟中知识资源的最优配置，其拉格朗日函数为：

$$L_i = \sum_{i=1}^{n} A_i (s_i + \Delta s_i)^{\alpha_1} G_1^{\beta} + \lambda (\sum_{i=1}^{n} S_i - \sum_{i=1}^{n} s_i - G_1) \quad (7.7)$$

对式（7.7）求微分，并令其为 0，由此，联盟中单个成员的最优决策的均衡条件为：

$$\begin{cases} \dfrac{\partial L_i}{\partial G_1} = \displaystyle\sum_{i=1}^{n} A_i (s_i + \Delta s_i)^{\alpha_1} \beta G_1^{\beta-1} - \lambda = 0 \\[3mm] \dfrac{\partial L_i}{\partial s_i} = \displaystyle\sum_{i=1}^{n} A_i \alpha_1 (s_i + \Delta s_i)^{\alpha_1-1} G_1^{\beta} - \lambda = 0 \end{cases} \quad (7.8)$$

将方程组（7.8）中的两等式相除，整理可得：

$$\sum_{i=1}^{n} \frac{\beta(s_i + \Delta s_i)}{\alpha_1 G_1} = 1 \quad (7.9)$$

集中决策下，联盟的知识共享均衡后，对于单个成员 i，

此时的 $\dfrac{\beta(s_i + \Delta s_i)}{\alpha_1 G_1} = 1 - \displaystyle\sum_{j \neq i} \dfrac{\beta(s_j + \Delta s_j)}{\alpha_1 G_1}$，根据假设 B 设定，

由于知识溢出，考虑协同倍增效应，单个成员知识共享后的

知识存量为 $S_i^* = s_i + \Delta s_i + g_{1i}$，经整理，得到联盟知识共享稳

定后其知识贡献量 g_{1i}''：

$$g_{1i}'' = \frac{\beta}{\alpha_1 + \beta}(S_i + \Delta s_i) - \frac{1}{\alpha_1 + \beta} \sum_{j \neq i} \left[\alpha_1 g_{1j} - \beta(s_j + \Delta s_j) \right],$$

$$j = 1, 2, \cdots, n \quad (7.10)$$

从联盟整体来看，在集中决策下，联盟成员的知识共享

将形成帕累托均衡，对于该知识贡献量的分析以及其中的影

响因素 $\dfrac{\beta}{\alpha_1 + \beta}$，$(S_i + \Delta s_i)$，$\dfrac{1}{\alpha_1 + \beta} \displaystyle\sum_{j \neq i} \left[\alpha_1 g_{1i} - \beta(s_j + \Delta s_j) \right]$ 与

本节中第一点类似。

3. 两种决策方式的综合对比分析

将式（7.10）减去式（7.5），可得两种知识共享方式下

个体成员知识共享的变化量,如(7.11)

$$g''_{1i} - g'_{1i} = \frac{1}{\alpha_1 + \beta} \sum_{j \neq i} \beta(s_j + \Delta s_j) , \; j = 1, \; 2, \; \cdots, \; n \quad (7.11)$$

通过分析式(7.11),可以发现:产业技术创新联盟集中决策下的知识共享水平要高于分散决策,这是因为利用集中决策,实现"集体理性",突破了原有"个体理性"下单个成员的"利己"思想,使得原有更多被个体成员保留的知识得到共享。

综上所述,这里用 K_{v_c} 表示成员 i 利用联盟知识进行运作的边际效用,即 $K_{v_c} = \dfrac{\partial v_i}{\partial G}$;$K_{v_p}$ 表示成员 i 利用个体知识进行运作的边际效用,即 $K_{v_p} = \dfrac{\partial v_i}{\partial p_i}$,则有:

$$\frac{K_{v_c}}{K_{v_p}} = \frac{G}{s_i} \quad (7.12)$$

由此可以得到单个成员 i 利用私有知识与联盟知识的效用曲线图(如图7.1所示)。图7.1中横轴表示私有知识,纵轴表示可获得的联盟知识:

结合图7.1分析,曲线 v_i 表示完全利用个体私有知识获得效用值的等效用曲线,v'_i 表示利用两类知识获得效用值的等效用曲线;根据前期研究[171]表明,这里显然有 $v'_i > v_i$。由此可见，在满足 $G_1 = \sum_{j=1,\ i\neq j}^{n} g_{1j}$ 等模型假设前提的情况下，较之完全利用个体知识，联盟中成员进行有效知识共享（即在产业技术创新的基础研究和应用开发中，适度推进与其他成员的知识共享），有利于促进成员取得效用最大化。

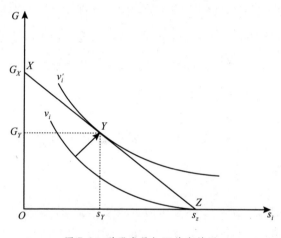

图 7.1 联盟成员知识共享效用

综上所述，不难发现：集中决策下的知识共享可以在联盟内更大范围内实现知识共享，有利于为产业技术创新提供更全面、系统的知识，但该方式在一定程度上破坏了成员的自主经营权（要求"盟主"对联盟成员高度控制，前提条件苛刻）；而分散决策下，在一定程度尊重了成员的自主经营权，但成员却有可能隐藏更多的知识。因此，在自组织知识共享下（即完全由联盟成员主导时，没有考虑外在激励因素下），无论是分散决策还是集中决策，都无法达到最大的知识存量，构建高效的知识链，推动知识的有效流动。另外，在产业技术创新联盟中，除了自组织知识共享以外，还需要为了突破共性、关键技术而在更大范围内促进联盟知识存量增长，为产业技术创新提供支撑。因此，为了最大限度地实现知识共享，增加知识存量，探讨联盟（或政府）激励下的知识共享，就显得尤为重要。

7.2.2 第二阶段——基于激励和效用的知识共享博弈

根据前文所述，为了有效促进知识流动，弥补自组织下联盟成员知识共享的不足，考虑联盟知识共享呈现的产业导向准公共性，成员在联盟（或者政府）的激励下，通过创新投入（包括新基础理论的探索、改善知识共享的条件与方式等多种活动，以及制定共享机制等，是一个宽泛的概念）和深化知识共享，构建完整、系统的知识链。此时，成员 i 取得的效用 Z_i 主要来自知识共享过程中的 u_i，令 $u_i = \max \{A_i p_i^{\alpha_2} G_2^{\beta}\}$，根据以上变量及假设，结合前人研究基础[65]，其知识共享模型为：

$$
\begin{cases}
u_i = \max\{A_i p_i^{\alpha_2} G_2^{\beta}\} \\[2mm]
s.t. \displaystyle\sum_{i=1}^{n} M_i = \sum_{i=1}^{n} c_p p_i + c_{c_i} G_2 \\[2mm]
\qquad\qquad\qquad\qquad i = 1, \cdots, 2 \quad (7.13) \\[2mm]
G_2 = \displaystyle\sum_{i=1}^{n} g_{2i} \\[2mm]
p_i \geq 0, \ g_{2i} \geq 0
\end{cases}
$$

此阶段，联盟（或者政府）提供激励资金 M_i，式 (7.13) 表示激励资金既可用于激励单个成员的投入行为，也可用于激励整个共享知识（即投入的结果）；单个成员在其他成员的影响下，选择自己的最优策略（p_i，G），为求得最优配置，其拉格朗日函数为：

$$
L_i = u_i(p_i, G_2) + \lambda(M_i - c_{p_i} p_i - c_{c_i} G_2) \qquad (7.14)
$$

对式 (7.14) 求微分，并令其为 0，则有：

$$
\begin{cases}
\dfrac{\partial u_i}{\partial G_2} - \lambda c_{c_i} = 0 \\[3mm]
\qquad\qquad\qquad i = 1, \cdots, n \qquad (7.15) \\[3mm]
\dfrac{\partial u_i}{\partial p_i} - \lambda c_{p_i} = 0
\end{cases}
$$

由式 (7.15) 整理可得：

$$
\frac{\partial u_i / \partial G_2}{\partial u_i / \partial p_i} = \frac{c_{c_i}}{c_{p_i}} \qquad (7.16)
$$

对式 (7.16) 进行整理可得式 (7.17)、式 (7.18)：

$$\frac{\beta p_i^{\alpha_2} G_2^{\beta-1}}{\alpha_2 p_i^{\alpha_2-1} G_2^{\beta}} = \frac{c_{c_i}}{c_{p_i}} \qquad (7.17)$$

$$c_{p_i} p_i = \frac{\alpha_2}{\beta} G_2 c_{c_i} \qquad (7.18)$$

将式（7.18）带入式（7.13）中的激励条件并整理，得出成员博弈后其知识贡献 g_{2i}^*：

$$g_{2i}^* = \frac{\beta}{\alpha_2+\beta} \frac{M_i}{c_{c_i}} - \frac{\alpha_2}{\alpha_2+\beta} \sum_{j\neq i} g_{2j}, \ j=1, \ 2, \ \cdots, \ n$$

$$(7.19)$$

根据前文假设，成员知识共享行为的弹性系数 $\alpha_2 < 0$，$0 < \beta < 1$，$0 < \alpha_2+\beta < 1$，因此可以判定 $\frac{\beta}{\alpha_2+\beta} > 1$，$\frac{\alpha_2}{\alpha_2+\beta} < 0$，由此将单个成员的知识贡献量修改为：

$$g_{2i}^* = \frac{\beta}{\alpha_2+\beta} \frac{M_i}{c_{c_i}} + \left| \frac{\alpha_2}{\alpha_2+\beta} \sum_{j\neq i} g_{2j} \right| \qquad (7.20)$$

从联盟整体来看，通过联盟单个成员的创新投入，成员贡献大小和其他成员的贡献呈正反馈关系，单个成员的知识贡献量会随着其他成员的增加而增加，联盟的知识存量会增加。其中，$\frac{\beta}{\alpha_2+\beta}$、$\frac{M_i}{c_{c_i}}$、$\left| \frac{\alpha_2}{\alpha_2+\beta} \right|$ 是影响成员决策的重要因素，以下分别分析其中的影响程度：

（1）由前面假设可知：根据联盟知识共享特征设定 $0 <$

$\alpha_2 + \beta < 1$，$0 < \beta < 1$，当 $\alpha_2 \to 0$，$\beta \to 1$ 时，则 $\dfrac{\beta}{\alpha_2 + \beta} \to 1$，这表明成员利用联盟知识获得效用优于个体创新投入，成员知识贡献 g_{2i}^* 与联盟的激励 M_i 成正比，联盟激励 M_i 越大，个体知识贡献 g_{2i}^* 越大。该结果表示的实际意义可以解释为：对于产业技术相关知识储备不足的技术创新联盟来说，要为突破关键、共性技术提供知识，构建系统、完整的知识链，联盟可将全部激励用于共享的知识贡献部分（即 $c_{p_i} \to 0$），此时 $M_i = c_{c_i} * g_{2i}^*$，成员共享量 g_{2i}^* 较大，有望推动联盟知识存量的增加（同理，可以分析联盟对成员创新投入行为的激励情况）。

（2）当 $\alpha_2 + \beta \to 0$，$\beta \to 1$ 时，$|\alpha_2| \to 1$，$\dfrac{\beta}{\alpha_2 + \beta} \to$ 无穷大，$\left|\dfrac{\alpha_2}{\alpha_2 + \beta}\right| \to$ 无穷大，则 g_{2i}^* 趋向无穷大，则表明联盟服务能力强，成员从联盟获得知识共享效用较大，将进行积极的知识共享；当 $\alpha_2 + \beta \to 0$，$\beta \to 0$ 时，则 g_{2i}^* 趋向 0，则表明联盟服务能力较差，联盟激励对成员知识共享影响较小，个体成员知识共享积极性不高。

对比分析上述结论，不难发现：联盟特征 β 是知识共享激励的关键条件，为了增加产业技术创新的知识存量，针对联盟中个体特征、联盟特征等因素的特征，以联盟（或者政府）激励为杠杆，对知识共享的方向及重点进行协调，利用他组织知识共享弥补自组织知识共享的不足，完善企业主导与政府调控机制，既发挥企业作为技术创新的主体作用，又引导技术创新导向从企业向产业转变，形成面向产业的完整知识链，弥补联盟中产业技术创新联盟知识共享的"缺口"。

7.3　数值算例及模拟分析

1. 数值算例分析

为验证个体特征、联盟特征、知识存量、联盟激励等因素对成员知识共享决策的影响机理，本章根据前文假设，对两阶段博弈模型中的个体特征 α_1、α_2，联盟特征 β 以及其他参数取值并进行模拟分析。结合前文假设设定具体参数值（见表7.1），根据式7.2中知识共享的均衡计算公式，对单个成员的知识贡献量进行计算，结果见表7.1。

表 7.1　　　　　　　　两阶段知识共享博弈数据分析

序号	参数								成员知识贡献量		
	α_1	α_2	β	M	c_{c_i}	S_i	Δs_i	g_{1j} (g_{2j})	g'_{1i}	g''_{1i}	g^*_{2i}
1a	0.3	−0.3	0.6	0	0	3	1	1	7/3	13/3	—
1b	0.3	−0.3	0.6	0	0	3	1	2	6/3	10/3	—
1c	0.3	0.3	0.1	0	0	3	1	1	1/4	1	—

续表

序号	参数								成员知识贡献量		
	α_1	α_2	β	M	c_{c_i}	S_i	Δs_i	g_{1j} (g_{2j})	g'_{1i}	g''_{1i}	g^*_{2i}
1d	0.3	-0.3	0.6	0	0	2	1	1	1	2	—
2a	0.3	-0.3	0.9	0	0	3	1	1	15/4	5	—
3a	0.3	-0.3	0.6	1	0.1	3	1	1	—	—	21
3b	0.3	-0.3	0.6	1	0.1	3	1	2	—	—	22
4a	0.3	-0.3	0.9	1	0.1	3	1	1	—	—	21.5

对表 7.1 中的成员知识贡献量进行对比分析，可知：

（1）表 7.1 中 1a – 2a 反映了自组织知识共享的条件和结果。从自组织知识共享来看，对比分析 1a 或者 1c 中的单个成员知识贡献量，不难发现：$g''_{1i} > g'_{1i}$，与均势知识共享相比，集中决策下的知识共享可以在联盟更大范围内实现知识共享；对比分析 1a 与 1b 中的知识贡献量，不难发现：随着合作伙伴知识 g_{1j} 投入的增加，g'_{1i}、g''_{1i} 均变小，即自组织知识共享中，联盟成员知识贡献会产生挤出效应和"囚徒困境"；对比分析 1a 与 2a，1a 与 1d 不难发现：随着知识存量、联盟服务能力 β 的提升，两种决策方式下的知识贡献量 g'_{1i}、g''_{1i} 均得到增加。上述数值算例对比分析验证了 7.1.2 的分析结果。

（2）表 7.1 中 3a – 4a 反映了他组织知识共享的条件和结

果。从他组织知识共享来看，对比分析 3a 与 3b，不难发现：针对成员的知识共享行为，考虑联盟激励作用，随着合作伙伴知识贡献量 g_{2j} 的增加，成员知识贡献 g_{2i}^* 也会增加；对比分析 3a 与 4a，不难发现：随着联盟服务能力 β 的提升，成员知识贡献 g_{2i}^* 也会增加。上述数值算例对比分析验证了 7.1.3 的分析结果。

综上所述，数值算例验证了前文理论推导，除此之外，根据产业技术创新联盟两阶段知识共享特点，对表 7.1 中的各参数进行调整，还可以得到不同激励下知识共享效用，进一步揭示个体特征、联盟特征、知识存量、联盟激励等因素对成员决策影响机理，由此制定利用他组织与自组织相结合的知识共享机制，为进一步协调产业技术创新中的知识共享提供了理论参考。

2. 相关结论与启示

知识共享是产业技术创新联盟实现合作效用最大化的重要基础。本章综合考虑知识的经济特征和产业导向的准公共性，通过设计知识共享的两阶段协调模式，构建数理模型，开展定性与数值模拟分析，对成员知识共享效用及其决策进行了分析，可以得到如下结论：

（1）本章融合知识管理理论、准公共物品理论、效用理论等，设计的基于自组织和他组织知识共享的两阶段协调模式，揭示个体特征、联盟特征、知识存量、联盟激励等对成员知识共享决策的影响机理，深化了传统联盟知识共享的理论研究；

（2）构建面向产业技术创新联盟的两阶段知识共享博弈模型，拓展了柯布—道格拉斯函数模型建模技术，该模型建模与分析方法延伸了知识管理定量研究方法，是对传统知识管理定性研究的深入。

基于上述研究结论，本章通过构建"自组织＋他组织"的两阶段知识共享策略，提出促进产业技术创新联盟知识共享的对策建议，为提高和改善产业技术创新联盟知识共享活动以及制定联盟知识管理策略提供参考，具体如下所示：

（1）相对于发达国家，我国大量后发产业技术创新联盟，相关技术、知识等储备不足，考虑到自组织是产业技术创新联盟知识共享的核心动力，为推动产业技术创新的有序发展，在自组织下，充分考虑个体知识、联盟知识等经济特性及价值，基于集中决策，确立"盟主"对产业技术创新的主导作用，突破原有成员组织边界，有望推进知识共享并整合知识资源，推动联盟取得较好的知识共享效用；

（2）基于联盟知识及个体成员知识反映出的经济特性及价值，以获取产业核心技术的自主知识产权或技术标准等为导向，联盟（或政府）通过对成员知识共享贡献进行激励，以此协调成员知识共享方向与重点，利用他组织增强知识共享的动力，调节自组织状态，有望提升产业技术创新联盟知识共享的系统性和完整性，实现跨组织知识共享的高效率均衡，推动产业技术创新。

7.4 本章小结

本章综合考虑知识的经济特征和产业导向的准公共性，设计了基于自组织和他组织知识共享的两阶段博弈模式，第一阶段，构建基于位势和效用的知识共享博弈模型，对比分析了联盟集中决策与分散决策下成员个体特征、联盟特征等因素对知识共享效用的影响机理；第二阶段，建立基于激励和效用的知识共享博弈模型，剖析了个体特征、联盟特征、联盟激励对知识共享效用的影响机理，并结合数值算例进行了验证，由此构建"自组织＋他组织"的两阶段知识共享策略，为推动产业技术创新联盟知识共享的高效率均衡提供了理论参考。

8

基于知识投入和转移演化的产业技术创新联盟协调模式建模及分析

8.1　理论基础、变量及假设

根据前文对基于知识投入和转移演化的产业技术创新联盟协调模式描述，设定如下模型变量：

a 表示企业所处市场需求总量；

q_{x_i} 表示企业 x_i 的产量；

$P(\sum_{i=1}^{n} q_{x_i})$ 表示企业 x_i 价格函数[164]；

c_{x_i} 表示企业 x_i 创新前的边际成本；

基于 AJ 模型[67]，用 $rn_{x_i}^2$ 表示企业 x_i 知识投入的总成本，r 表示企业 x_i 的知识投入成本系数，表明知识投入的使用效率大小；n_{x_i} 表示 t 时刻（$t>0$）企业 x_i 知识存量，通过知识资源的投入可以降低企业单位成本而获得创新效益；

$\eta_{x_i x_j}$ 表示企业 x_i 对企业 x_j 知识投入的转移系数（即知识转移系数，是知识转移能力的综合表现；在知识转移的两个维度中，具体分为存量知识转移系数和投入知识转移系数）；

$\pi_{x_i}^0$ 表示企业 x_i 知识投入前的利润函数，π_{x_i} 表示企业 x_i 知识投入后的利润函数，$\pi_{x_{is}}^*$，$\pi_{x_{js}}^*$ 表示企业 x_i 与企业 x_j 独立创新下的利润，$\Delta\pi_{is}^*$ 表示企业 x_i 独立创新下的收益增量，$\pi_{x_{ia}}^*$，$\pi_{x_{ja}}^*$ 表示企业 x_i 与企业 x_j 合作创新下的利润，$\Delta\pi_{ia}^*$ 表示企业 x_i 合作创新下的收益增量；

Δn_{x_i} 表示 t 时刻（$t>0$）企业 x_i 知识增长量；

k_{x_i} 表示 t 时刻（$t>0$）企业 x_i 知识存量增长速度；

N_{x_i} 表示企业 x_i 在没有其他成员影响下需要投入的最大知识存量；

β_{x_i} 表示联盟其他成员对企业 x_i 知识存量增长速度的影响系数。

基于前文描述，为了方便讨论，用 $x_i(i=1,2)$ 表示产业技术创新联盟的成员，并作如下假设。

假设 A 在投入知识转移过程中，考虑到产业技术创新联盟成员创新过程中竞争与合作并存，将企业可能出现的创新方式分为独立创新与合作创新，假定两种方式下的企业产量相同，并基于改进 AJ 模型[67]描述企业知识投入下获得创新利润，设定知识投入量是一个动态的函数，受 n_{x_1} 和 n_{x_2} 影响，则企业的知识投入量为 $n_{x_1}(n_{x_1}, n_{x_2})$、$n_{x_2}(n_{x_1}, n_{x_2})$。

假设 B　在存量知识转移过程中，假定市场均衡时的知识投入量是单个成员投入知识和存量知识相互转移的共同结果，将知识增长设定为持续增长的过程，知识增长源于知识投入，随着知识投入量的增加，知识密度逐渐增大，增长速度减缓直至结束。因此，知识投入与转移演化过程可以看作在一定阈值内知识增长过程。结合前期研究成果[151]，本章基于改进后的 Lotka - Volterra 模型描述知识增长过程。

假设 C　根据前文对模式的描述以及先期的研究基础，对于企业 x_1，其知识增长的瞬时速度表示为 $k_{x_1} = \Delta n_{x_1} / n_{x_1}$，设定 n_{x_1} / N_{x_1} 为知识密度，考虑知识密度变化对知识增长速度的影响，用 $(1 - n_{x_1} / N_{x_1})$ 表示知识密度变化对增长速度的影响系数，则当 $n_{x_1} = N_{x_1}$，知识增长速度趋于 0。

假设 D　β_{x_1} 表示企业 x_1 存量知识对投入知识增长速度的影响系数，这里用 $\eta_{x_1 x_0}$ 表示投入知识从存量知识中进行知识转移的系数，假定 $\eta_{x_1 x_0} > 0$。考虑知识转移不会削减原有知识，对 Lotka - Volterra 模型进行调整，具体修改为：通过知识转移，存量知识对投入知识量增长的促进作用表示为：$\beta_{x_1} = \eta_{x_1 x_0} n_{x_0} / N_{x_0}$；结合前期研究，此时企业 x_1 的知识增长速度可修改为：$\Delta n_{x_1} / n_{x_1} = k_{x_1} (1 - n_{x_1} / N_{x_1} + \beta_{x_i})$。

8.2 模型构建及分析

8.2.1 产业技术创新的利润模型

根据前文对基于知识投入和转移演化的产业技术创新联盟协调模式和模型假定，在投入知识转移过程中，将创新方式分为独立创新和合作创新，以下分别对两类创新方式的利润进行分析。

1. 独立创新的利润模型

结合前人研究基础[67,164]，构造两企业 x_i 创新前的利润函数：

$$\pi_{x_i}^0 = q_{x_i} \left(P \left(\sum_{i=1}^{2} q_{x_i} \right) - c_{x_i} \right), \ i = 1, \ 2 \qquad (8.1)$$

由于两企业处于同一层级，令企业边际成本相同 $c_{x_1} = c_{x_2} = c$，通过求解市场均衡时的企业产量，可得企业创新之前的利润：

$$\pi_{x_i}^0 = (a - c)^2 / 9 \qquad (8.2)$$

基于 AJ 模型[67]，当企业 x_1、x_2 独立创新时，考虑知识投入过程中，企业 x_2 投入知识量 n_{x_2} 对企业 x_1 的影响，其投入量为 $r_{x_1} n_{x_1}^2 (n_{x_1}, n_{x_2})$，单位产品的成本下降为 $n_{x_1} (n_{x_1}, n_{x_2})$；同时考虑企业 x_1 对企业 x_2 知识投入量的转移 $\eta_{x_1 x_2} n_{x_2} (n_{x_1}, n_{x_2})$ 也会降低单位成本（其中 $\eta_{x_1 x_2}$ 计为投入知识转移系数）；同时，令 $r_{x_1} = r_{x_2} = r$，为了简化表达，用 n_{x_1} 代替 $n_{x_1} (n_{x_1}, n_{x_2})$，用 n_{x_2} 代替 $n_{x_2} (n_{x_1}, n_{x_2})$，则两企业知识投入下的利润函数为：

$$\begin{cases} \pi_{x_1} = \left[a - (q_{x_1} + q_{x_2}) - c + n_{x_1} + \eta_{x_1 x_2} n_{x_2} \right] q_{x_1} - r n_{x_1}^2 \\ \pi_{x_2} = \left[a - (q_{x_1} + q_{x_2}) - c + n_{x_2} + \eta_{x_2 x_1} n_{x_1} \right] q_{x_2} - r n_{x_2}^2 \end{cases} \quad (8.3)$$

在式（8.3）中，由于 x_i 和 x_j 处于同一层级，设定 $\eta_{x_1 x_2} = \eta_{x_2 x_1} = \eta$，对企业产量求导，并令其为 0，则两企业知识投入均衡下的利润为式（8.4）：

$$\begin{cases} \pi_{x_1}^* = \left[a - c + (2 - \eta) n_{x_1} + (2\eta - 1) n_{x_2} \right]^2 / 9 - r n_{x_1}^2 \\ \pi_{x_2}^* = \left[a - c + (2 - \eta) n_{x_2} + (2\eta - 1) n_{x_1} \right]^2 / 9 - r n_{x_2}^2 \end{cases} \quad (8.4)$$

整理式（8.4），可得两企业独立创新下，市场均衡时的知识投入量为：

$$n_{x_{1s}}^* = n_{x_{2s}}^* = n_s^* = \frac{(a - c)(2 - \eta_s)}{9r - (2 - \eta_s)(1 + \eta_s)} \quad (8.5)$$

则企业在独立创新时，利用知识投入获得的收益增量为：

$$\Delta\pi_{x_{1s}}^{*} = \pi_{x_{1s}}^{*} - \pi_{x_{1}}^{0} = \frac{(a-c)^{2}(2-\eta_{s})\left[27r\eta_{s} - (2-\eta_{s})(1+\eta_{s})^{2}\right]}{9\left[9r - (2-\eta_{s})(1+\eta_{s})\right]^{2}}$$

$$(8.6)$$

2. 合作创新的利润模型

合作创新下，两成员共享知识投入，其利润函数可以表示为：

$$\pi = \pi_{x_{1a}}^{*} + \pi_{x_{2a}}^{*} = \frac{1}{9}\left[a - c + (2-\eta_{a})n_{x_{1}} + (2\eta_{a}-1)n_{x_{2}}\right]^{2} - rn_{x_{1}}^{2} +$$

$$\frac{1}{9}\left[a - c + (2-\eta_{a})n_{x_{2}} + (2\eta_{a}-1)n_{x_{1}}\right]^{2} - rn_{x_{2}}^{2} \qquad (8.7)$$

基于前文研究思路，分别对各成员的知识投入量进行求导，并令其为 0，经计算，创新投入均衡时，知识投入量为：

$$n_{x_{1a}}^{*} = n_{x_{2a}}^{*} = n_{xa}^{*} = \frac{(a-c)(1+\eta_{a})}{9r - (1+\eta_{a})^{2}} \qquad (8.8)$$

进一步计算，可得两成员在合作创新下收益增量为：

$$\Delta\pi_{x_{1a}}^{*} = \pi_{x_{1a}}^{*} - \pi_{0}^{*} = \frac{(a-c)^{2}(1+\eta_{a})^{2}}{9\left[9r - (1+\eta_{a})^{2}\right]} \qquad (8.9)$$

3. 不同创新方式下的收益增量对比分析

为比较两企业在独立创新与合作创新下，利用知识投入获得的收益增量，设定知识投入成本系数 r 为常数 r_{0}，令两者的知识转移系数相同（即 $\eta_{s} = \eta_{a} = \eta$），将式（8.6）与式（8.9）转化为式（8.10），以此剖析知识转移时，知识转移系数对知识投入收益增量的影响：

$$\begin{cases} Y_1(\eta) = \dfrac{(a-c)^2(2-\eta)\left[27r_0\eta-(2-\eta)(1+\eta)^2\right]}{9\left[9r_0-(2-\eta)(1+\eta)\right]^2} \\[4mm] Y_2(\eta) = \dfrac{(a-c)^2(1+\eta)^2}{9\left[9r_0-(1+\eta)^2\right]} \end{cases}$$

$$(8.10)$$

根据前文假设和式（8.10），设定知识转移系数 $\eta \in [0, 1]$，可知：当 $Y_1(\eta) > Y_2(\eta)$ 时，表明独立创新获得收益增量优于合作创新；当 $Y_1(\eta) = Y_2(\eta)$ 时，表明独立创新获得收益增量与合作创新相同；当 $Y_1(\eta) < Y_2(\eta)$ 时，表明合作创新获得收益增量优于独立创新，由此，联盟成员可根据知识转移系数 η 对收益增量的影响选择创新方式。

然而，上述对于两企业市场均衡时的知识投入量和利润增量讨论的前提是假定知识投入过程中，投入知识与存量知识（企业原有知识）不发生知识转移。但在实际操作中，知识作为一种无形资源，价值性与溢出性并存，在知识投入过程中还会与存量知识产生交互作用，进行知识转移，对均衡时的知识投入量 $n_{x_{1s}}^*$、$n_{x_{1a}}^*$ 产生影响，以下进一步分析知识投入过程中，存量知识对投入知识的影响，揭示存量知识转移系数对知识投入量的作用机理。

8.2.2 基于 Lotka – Volterra 的知识转移演化模型

1. 知识转移演化模型构建

结合前文对基于知识投入和转移演化的产业技术创新模式描述，根据假设 B 和前期研究成果[151]，本章基于 Lotka – Volterra 构建知识转移演化模型，以此分析存量知识和投入知识的相互影响。设定 7.2.2 中得到均衡知识投入量是投入过程中知识转移演化均衡的结果，令 $n_{x_1}^*$ 代表 $n_{x_{1s}}^*$、$n_{x_{1a}}^*$，即 $n_{x_1}^* = n_{x_1}(n_{x_1}, n_{x_0})$，同理设定 $n_{x_0}^* = n_{x_0}(n_{x_1}, n_{x_0})$，其中 n_{x_0} 代表企业 x_1 的存量知识。结合假设 C，假设 D 并考虑该投入知识与存量知识由于天然临近性可能存在的相互促进作用（$\beta_{x_1} > 0$）以及存量知识的增长是由于投入知识而引起变化，则投入知识和存量知识转移演化模型修改为（8.11）：

$$\begin{cases} \Delta n_{x_1} = k_{x_1}\left(1 - \dfrac{n_{x_1}}{N_{x_1}} + \eta_{x_1 x_0}\dfrac{n_{x_0}}{N_{x_0}}\right)n_{x_1}, \quad \eta_{x_1 x_0} > 0 \\[3mm] \Delta n_{x_0} = k_{x_0}\left(-1 - \dfrac{n_{x_0}}{N_{x_0}} + \eta_{x_0 x_1}\dfrac{n_{x_1}}{N_{x_1}}\right)n_{x_0}, \quad \eta_{x_0 x_1} > 0 \end{cases} \quad (8.11)$$

式（8.11）中，n_{x_1} 表示需要投入的知识量，N_{x_1} 是联盟成员不受其他知识（包括自身存量知识和其他投入知识）影响的最大知识量。其中，$\eta_{x_0 x_1}n_{x_1}/N_{x_1}$ 表示存量知识从投入知识中进行知识转移进而促进知识增长的影响系数，用 $\eta_{x_0 x_1} > 1$ 或 $\eta_{x_0 x_1} < 1 (\eta_{x_0 x_1}$

是存量知识转移系数）分别表示在知识投入过程中存量知识转移能力较强或者较弱，$\eta_{x_1 x_0}$ 情况类似。则当两类的知识增长速度为 0 时，知识增长趋于稳定，其知识增长的稳定方程如式（8.12）：

$$\begin{cases} \varphi(n_{x_0}, \ n_{x_1}) = 1 - \dfrac{n_{x_1}}{N_{x_1}} + \eta_{x_1 x_0} \dfrac{n_{x_0}}{N_{x_0}} \\[4mm] \pi(n_{x_0}, \ n_{x_1}) = -1 - \dfrac{n_{x_0}}{N_{x_0}} + \eta_{x_0 x_1} \dfrac{n_{x_1}}{N_{x_1}} \end{cases} \qquad (8.12)$$

2. 模型的稳定态及知识转移分析

直线 $\varphi(n_{x_0}, \ n_{x_1}) = 0$ 与 $\pi(n_{x_0}, \ n_{x_1}) = 0$ 反映了两类知识相互转移的演化路径（根据前文假设，设定 n_{x_0} 和 n_{x_1} 均大于 0，见图 8.1）。当 $\varphi(n_{x_0}, \ n_{x_1}) = 0$ 且 $\pi(n_{x_0}, \ n_{x_1}) = 0$，求解方程组，可得知识转移的稳定点：$A_2(0, \ N_{x_1})$，$A_3 \left(\dfrac{N_{x_0}(\eta_{x_0 x_1} - 1)}{1 - \eta_{x_0 x_1} \eta_{x_1 x_0}}, \right.$

$\left. \dfrac{N_{x_1}(1 - \eta_{x_1 x_0})}{1 - \eta_{x_0 x_1} \eta_{x_1 x_0}} \right)$。

基于图 8.1，分析知识转移系数对知识增长演化及稳定态的影响：

（1）当 $\eta_{x_0 x_1} > 1$，$\eta_{x_1 x_0} < 1$ 时，两直线相互影响，并向 A_3 点演进。这表明投入知识与存量知识形成了相互依存的生态关系。特别地，当 $\eta_{x_0 x_1} > 1$，$\eta_{x_1 x_0} < 1$ 且 $\eta_{x_0 x_1} \eta_{x_1 x_0} < 1$ 时，在 A_3 点形成稳定态。这表明投入知识与存量知识互为依存，相互

促进，实现了知识的有效转移，促进了各自知识量的增加。

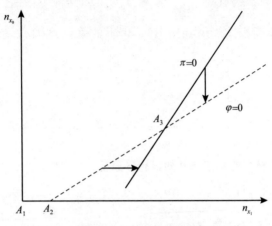

图 8.1 存量知识与投入知识转移演化趋势

（2）当 $\eta_{x_0 x_1} < 1$ 时，两类知识交互后，直线 $\varphi(n_{x_1}, n_{x_0}) = 0$ 上的点向 A_2 演进，并在 A_2 点形成稳定态。这表明新投入的知识对原有知识存量增长的影响小，两类知识交互关系松散。特别地，当 $\eta_{x_0 x_1} \to 0$ 时，表明投入知识没有向存量知识进行有效转移，原有存量知识没有发生变化，难于形成有效交互。

综上所述，知识转移系数是影响存量知识与投入知识相互转移演化的重要因素。基于此，通过调整联盟成员知识投入的转移系数（如情况 1），可以促进联盟成员在更大范围内发挥知识资源的配置效率。具体表现为：设定知识投入均衡下的知识存量 $n_{x_1}^* = n_{x_1}(n_{x_1}, n_{x_0})$，可知：当 $\eta_{x_0 x_1} < 1$，$\eta_{x_1 x_0} < 1$

时，由于没有知识转移而不会产生知识转移，此时需要投入
的知识量 $n_{x_{1a}}^* = N_{x_1}$；而当 $\eta_{x_0 x_1} > 1$，$\eta_{x_1 x_0} < 1$ 且 $\eta_{x_0 x_1} \eta_{x_1 x_0} < 1$ 时
（即两类知识转移演化的均衡点位于 A_3），需要投入的知识量
$N'_{x_1} = N_{x_1}(1 - \eta_{x_0 x_1} \eta_{x_1 x_0})/(1 - \eta_{x_0 x_1})$。由于 $\eta_{x_0 x_1} > 1$，不难得出
知识投入量 $N'_{x_1} < N_{x_1}$，即由于知识转移，存量知识与投入知
识通过知识转移产生了协同倍增效应，可以减少成员知识投
入，达到均衡时所需的知识投入量。

8.3 数值算例及模拟分析

1. 数值算例分析

基于上述案例背景，本章以企业 x_1、x_2 为研究对象讨论
其中知识投入和转移演化过程，并运用 Matlab R2012b 软件进
行模拟分析。为讨论不同知识转移系数对利润增量的影响，
根据前文讨论的约定条件，设定 $a = 40$，$c = 10$，$r_0 = 0.255$，
令知识转移系数 $\eta \in [0, 1]$，通过仿真分析，独立创新与合
作创新下的利润增量曲线如图 8.2 所示。

从图 8.2 中不难得出，当 $\eta = 0.5$ 时，$Y_1(\eta) = Y_2(\eta)$，
两条利润增量曲线重叠，表明独立创新与合作创新获得收益
增量相同；当 $\eta < 0.5$ 时，$Y_1(\eta) < Y_2(\eta)$，表明合作创新优

于独立创新获得收益增量；当 $\eta > 0.5$ 时，$Y_1(\eta) > Y_2(\eta)$，表明独立创新优于合作创新获得收益增量，上述模拟结果反映出知识转移系数对创新收益增量的影响，可为联盟成员根据知识转移系数选择创新方式提供理论依据。另外，上述分析只考虑了知识转移系数对联盟成员收益增量的影响，还可以调整知识投入成本系数 r，分析该系数对收益增量的影响，进而选择不同的创新方式。

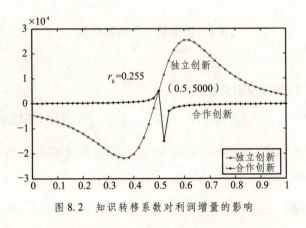

图 8.2　知识转移系数对利润增量的影响

为进一步验证存量知识对投入知识量的影响，设定在没有其他成员影响下，成员知识存量的最大值 $N_{x_1} = N_{x_0} = 1000$，知识增长速度 $r_{x_1} = 0.1$，$r_{x_0} = 0.2$，知识存量初始状态值 $n_{x_1} = 100$，$n_{x_0} = 100$。结合前文研究过程，分别对知识转移系数

$\eta_{x_1 x_0}$，$\eta_{x_0 x_1}$赋值，对投入知识与存量知识的转移演化结果进行
对比分析，如图8.3（a）、（b）所示。

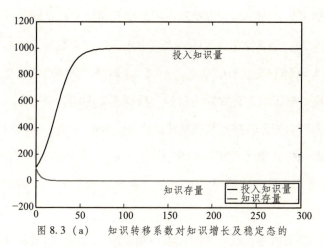

图 8.3 （a）   知识转移系数对知识增长及稳定态的

影响 $\eta_{x_1 x_0} = 0.2$，$\eta_{x_0 x_1} = 0.5$

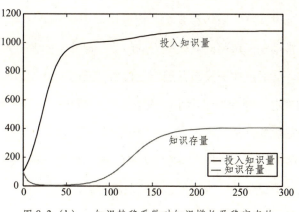

图 8.3 （b）   知识转移系数对知识增长及稳定态的

影响 $\eta_{x_1 x_0} = 0.2$，$\eta_{x_0 x_1} = 1.3$

从图 8.3（a）（b）中不难发现，知识转移系数 η 与知识存量增长率、稳定态呈正反馈关系，联盟成员通过调整知识转移系数，知识存量将呈现出不同增长速度及稳定状态（如图 8.3）；仿真结果还表明：当双方知识转移系数较小时（如图 8.3（a）$\eta_{x_1x_0} = 0.2$，$\eta_{x_0x_1} = 0.5$），知识转移将形成低效率均衡，难于发生有效知识转移。根据 8.2 中的计算过程，结合本节对知识转移系数的赋值，当 $\eta_{x_1x_0} = 0.2$，$\eta_{x_0x_1} = 1.3$ 时，此时的投入量为知识不转移（$\eta_{x_1x_0} = \eta_{x_0x_1} = 0$）的 15/37，明显低于知识不转移时的投入量，由此验证了 8.2 中的分析结果。

综上所述，研究表明：①在知识投入过程中，存量知识转移系数是成员个体存量知识向投入知识转移的重要影响因素，通过调整知识转移系数，促进两者形成相互依存关系，可以推动知识转移向高效率方向演化，提升了知识资源配置效率。②通过知识投入开展产业技术创新时，投入知识转移系数决定了利润增量大小，联盟成员根据知识转移系数值，选择最优的创新投入方式，获得最佳的利润增量。上述研究结果表明：在产业技术创新过程中，知识作为一种无形资源投入对成员收益影响较大，而联盟成员通过练"内功"提高知识转移能力（即调整存量知识转移系数和投入知识转移系数），是提高资源配置效率并推动产业技术创新联盟发展的重要前提。

2. 结论与启示

知识投入是产业技术创新的重要环节，本章融合知识管理、博弈论、生态位等理论，构建基于 AJ 模型的知识投入利润函数和基于 Lotka – Volterra 的知识转移演化模型，开展定性与数值仿真分析，剖析知识投入对产业技术创新的影响，可以得到如下结论与启示：

（1）本章指出知识转移演化是产业技术创新中知识投入呈现的重要特征，基于生态位等理论，构建基于知识投入和转移演化的产业技术创新模型，并对两个维度的知识转移演化机理进行了揭示和验证，丰富了产业技术创新联盟中的知识管理理论；

（2）本章面向产业技术创新联盟构建基于 AJ 模型的知识投入利润函数和基于 Lotka – Volterra 的知识转移演化模型，将传统利润函数与 Lotka – Volterra 模型进行嫁接，拓展了传统利润函数建模和分析方法；

（3）基于知识投入和知识转移演化机理，本章提出通过调整知识转移系数，构建知识转移的生态关系，可以促进有效的知识转移，降低单个成员以及联盟知识投入量，提高知识资源的配置效率，为联盟制定合理的知识投入策略提供理论支持。

8.4　本章小结

　　本章基于生态位理论，将知识转移细化为投入知识转移和存量知识转移，通过构建基于 AJ 模型的知识投入利润模型和基于 Lotka – Volterra 的知识转移演化模型，结合定性分析和算例验证，揭示了知识转移对知识投入及创新收益增量的影响机理。研究表明：知识转移系数对成员收益增量及知识转移演化均衡的影响较大，通过调整两类知识的转移系数，构建相互依存的共生关系，有望推动知识有效转移，促进成员知识存量增加，降低单个成员以及联盟知识投入量，提高知识资源的配置效率，增加成员及联盟的收益增量。

9

基于知识生态关系演化的产业技术
创新联盟协调模式建模及分析

9.1　理论基础、变量及假设

根据前文对基于知识转移生态演化的产业技术创新联盟协调模式描述，鉴于投入产出技术是一种应用性很强的数量经济分析工具，其研究机理与思想走出了经济学领域的范畴，适于分析系统内相互关联的各组成部分间的依存与互动关系[179]，本章在前期[167]关于联盟成员决策研究的基础上，基于柯布—道格拉斯函数构建联盟成员知识投入产出效用模型。模型的变量及假设如下：

M_i 表示成员 i 用于知识生产的存量知识，α 表示存量知识的弹性系数，是个体成员知识特征具体表现，μ_i 表示在知识资源配置过程中单个成员愿意转移知识的意愿比例；

n_i 表示成员 i 投入的知识量，N_i 表示成员 i 投入过程中由于知识转移形成总的增量知识（简称增量知识），其弹性系数为 β；

c_{m_i} 表示成员 i 运作每单位存量知识所需要的成本；

c_{n_i} 表示成员 i 运作每单位增量知识所需要的成本；

C_i 表示成员 i 运作所有知识需要投入的总成本；

v_i 表示成员 i 利用存量知识和增量知识进行运作取得的效用；

η 表示成员 i 的知识转移能力系数，其中 $\eta_{x_i x_j}$ 表示成员 i 从成员 j 进行知识转移的比例；

N_{x_i} 表示成员 i 在垄断市场状态下的最大知识存量；

r_{x_i} 表示成员 i 在垄断市场状态下的平均知识增长率；

δ_{x_i} 表示外部知识对成员增量知识增长速度的影响系数；

A_i 表示联盟期间成员将知识资源转化为企业价值的能力水平；

根据前文对基于知识转移生态演化的产业技术创新联盟协调模式描述，设定以下假设：

假设 A 设定联盟成员 i 获得投入产出效用 v_i 是由自身存量知识和增量知识共同决定，基于前人研究基础[65][180]，借用柯布—道格拉斯函数建模思路，M_i 表示联盟成员 i 运作的存量知识，其弹性系数 α 反映存量知识的属性，设 $0 < \alpha < 1$；N_i 是知识投入后经过演化形成的知识总量，是协同倍增效应价值的体现[66]，其弹性系数 β 反映增量知识的属性，设定 $0 < \beta < 1$，且 $0 < \alpha + \beta \leqslant 1$，设所有团队成员都具有"理性人"思维，以追求自身效用最大化为目标，则其效用函数可以表示为 $v_i(M_i, N_i) = A_i M_i^{\alpha} N_i^{\beta}$；

假设 B 基于前期研究基础[167]和前文对产业技术创新联盟协调模式的描述，在产业技术创新过程中，假定知识投入产出过程中的各项运作成本 c_{m_i}、c_{n_i} 恒定，单个成员投入的知识在联盟内部具有一定的需求共性，并假定成员愿意分享自身投入，成员 i 获得其他成员的知识投入为 $\eta \sum_{j \neq i} n_j$，则知识投入总量 $N_i = n_i + \eta \sum_{j \neq i} n_j$；假定知识投入产出效用函数值 v_i 与变量 M_i、N_i 的值成正比，即 $\frac{\partial v_i}{\partial M_i} > 0$，$\frac{\partial v_i}{\partial N_i} > 0$，且存量知识与增量知识的边际效用递减，即 $\frac{\partial^2 v_i}{\partial M_i \partial N_i} > 0$，$\frac{\partial^2 v_i}{\partial N_i^2} < 0$；

假设 C 基于知识交互的生态性、增长的累积性，以及前期研究成果[151]，假定产出均衡时，成员知识投入量是成员知识投入以及知识转移生态演化的结果，本章基于生态学中改进后的 Lotka – Volterra 模型描述增量知识增长演化过程：由于知识存量是某一阶段主体对知识资源的占有总量，是知识广度和深度的总括，具有时间性和空间性[43]，设定知识增长在一定阈值内知识增长过程，对于企业 x_1，Δn_{x_1} 表示其瞬时知识增长量，设定单项知识独立存在下知识的瞬时增长速度表示为：$r_{x_1} = \Delta n_{x_1}/n_{x_1}$，定义 n_{x_1}/N_{x_1} 为知识密度，用（$1 - n_{x_1}/N_{x_1}$）表示随着自身知识积累对增长速度的影响因子，知识增长速度修改为：$\Delta n_{x_1}/n_{x_1} = r_{x_1}(1 - n_{x_1}/N_{x_1})$，当 $n_{x_1} = N_{x_1}$ 时，知识增长速度趋于 0。

　　假设 D　δ_{x_1} 表示联盟知识对企业 x_1 增量知识增长速度的影响系数，这里用 $\eta_{x_1 x_1}$ 表示企业 x_1 增量知识从联盟知识中进行知识转移的系数，假定 $\eta_{x_1 x_1} \geq 0$。考虑知识转移不会减少原有知识，对 Lotka – Volterra 进行调整，具体修改为：通过知识转移，增量知识实现增量积累，联盟知识对增量知识量增长的促进作用表示为 $\delta_{x_1} = \eta_{x_1 x_1} \dfrac{n_{x_l}}{\mu_l N_{x_l}}$；结合前期研究，此时企业 x_1 的增量知识量增长速度可修改为：$\dfrac{\Delta n_{x_1}}{n_{x_1}} = r_{x_1}$

$\left(1 - \dfrac{n_{x_1}}{N_{x_1}} + \delta_{x_1}\right)$；同理可以分析存量知识对增量知识的影响作

用为 δ_{x_0}，则同时考虑考虑联盟知识和存量知识对增量知识增

长的影响，其增长速度修改为：$\dfrac{\Delta n_{x_1}}{n_{x_1}} = r_{x_1}\left(1 - \dfrac{n_{x_1}}{N_{x_1}} + \delta_{x_i} + \delta_{x_0}\right)$，

其中 δ_{x_0} 表示存量知识对增量知识的影响。

9.2 模型构建及分析

9.2.1 知识投入产出效用模型

根据产业技术创新联盟的定义可知：跨组织知识资源配置的各主体（如联盟成员、联盟）属于"非完全共同利益主体"，所处的地位和承担的分工任务存在差异；本章结合前文对基于知识转移生态演化的产业技术创新联盟协调模式描述，以下分别讨论分散决策和集中决策下知识资源配置方式对知识投入产出效用的影响，揭示知识投入的纳什均衡与帕累托均衡。

1. 分散决策下知识投入产出效用模型

该方式主要指联盟中成员地位相当，各成员基于"个体理性"，按照各自的资源配置优势进行知识资源的投入（如设定联盟中的企业、科研院所和高校之间地位相同），此时联盟成员采用分散决策方式开展知识投入产出，主要剖析各成员

知识投入产出的纳什均衡，单个成员的知识投入产出效用模型 $v_i = \max\{A_i M_i^\alpha N_i^\beta\}$，具体表述如式（9.1）：

$$\begin{cases} \max\{A_i M_i^\alpha N_i^\beta\} \\ s.\ t.\ C_i = c_{m_i} M_i + c_{n_i} n_i \\ N_i = n_i + \eta \sum_{j \neq i} n_j \\ M_i \geqslant 0, \ n_i \geqslant 0 \end{cases} \tag{9.1}$$

其中，知识投入产出约束条件为：$C_i = c_{m_i} M_i + c_{n_i} n_i$，知识投入过程中，单个成员在其他成员影响下，选择自己知识投入的最优战略（M_i，n_i），其拉格朗日函数为：

$$L_i = A_i M_i^\alpha N_i^\beta + \lambda(C_i - c_{m_i} M_i - c_{n_i} n_i) \tag{9.2}$$

对式（9.2）求导，取值为 0，得到市场均衡时单个成员知识投入的最优策略：

$$\begin{cases} \dfrac{\partial L_i}{\partial n_i} = A_i M_i^\alpha \beta N_i^{\beta-1} - \lambda c_{n_i} = 0 \\ \dfrac{\partial L_i}{\partial M_i} = A_i \alpha M_i^{\alpha-1} N_i^\beta - \lambda c_{m_i} = 0 \end{cases} \tag{9.3}$$

对式（9.3）进行调整，可得市场均衡时存量知识和增量知识的关系，如式（9.4）：

$$\frac{\beta M_i}{\alpha N_i} = \frac{c_{n_i}}{c_{m_i}} \tag{9.4}$$

结合式（9.1）、式（9.4）和前文的约束条件 $C_i = c_{m_i} M_i + c_{n_i} n_i$，可知：联盟成员知识投入博弈均衡时，单个成员投入的知识量为 n_i'：

$$n_i' = \frac{\beta}{c_{n_i}(\alpha+\beta)} C_i - \frac{\alpha}{\alpha+\beta} \eta \sum_{j \neq i} n_j, \quad j = 1, 2, \cdots, n \quad (9.5)$$

分析式（9.5），不难发现：在产业技术创新过程中，单个成员投入的知识资源具有一定的共性，分散决策下，单个成员从"个体理性"出发，会努力吸收联盟中其他成员的知识投入 $\eta \sum_{j \neq i} n_j$，进而减少自身投入，将对知识投入行为产生"挤出效应"，最终造成"囚徒困境"，影响整个联盟的知识投入，削弱整个联盟的效用；同理也可以进行类似分析，当联盟持续增加投入并与单个成员需求重叠时，将会造成单个成员减少投入。

2. 集中决策下知识投入产出效用模型

该方式主要指联盟成员由于承担任务的差异而导致地位差异（如联盟以企业为主体，承担整合联盟内创新资源的功能，是"盟主"，企业以联盟获得最大效用作为知识投入的决策依据），此时将联盟设定为一个整体，主要讨论各成员知识投入产出的帕累托均衡，联盟知识投入产出效用模型 $v_i = \max \left\{ \sum_{i=1}^{n} A_i (\mu_i M_i)^\alpha N_i^\beta \right\}$，具体表述如式（9.6）：

$$\begin{cases} \max\left\{ \sum_{i=1}^{n} A_i(\mu_i M_i)^{\alpha} N_i^{\beta} \right\} \\[2mm] s.\,t. \ \sum_{i=1}^{n} C_i = \sum_{i=1}^{n} c_{m_i}(\mu_i M_i) + c_{n_i} N_i \\[2mm] N_i = n_i + \eta \sum_{j \neq i} n_j \\[2mm] M_i \geqslant 0, \ n_i \geqslant 0 \end{cases} \tag{9.6}$$

其约束条件为：$\sum_{i=1}^{n} C_i = \sum_{i=1}^{n} c_{m_i}(\mu_i M_i) + c_{n_i} N_i$。当盟主基于"集体理性"从整体出发，采取联盟取得最优的知识投入策略，则单个成员的策略为 (M_i, n_i)。为求得联盟中最优的知识投入策略，其拉格朗日函数为：

$$L_i = \sum_{i=1}^{n} A_i M_i^{\alpha} N_i^{\beta} + \lambda \left(\sum_{i=1}^{n} C_i - \sum_{i=1}^{n} c_{m_i}(\mu_i M_i) - c_{n_i} N_i \right)$$

$$\tag{9.7}$$

对式（9.7）求微分，并令其为0，由此，联盟中单个成员的最优决策的均衡条件为：

$$\begin{cases} \dfrac{\partial L_i}{\partial n_i} = \sum_{i=1}^{n} A_i(\mu_i M_i)^{\alpha} \beta N_i^{\beta-1} - \lambda c_{n_i} = 0 \\[3mm] \dfrac{\partial L_i}{\partial M_i} = \sum_{i=1}^{n} A_i \alpha(\mu_i M_i)^{\alpha-1} N_i^{\beta} - \lambda c_{m_i} = 0 \end{cases} \tag{9.8}$$

将方程组（9.8）中的两等式相除，整理可得：

$$\sum_{i=1}^{n} \frac{\beta(\mu_i M_i)}{\alpha N_i} = \frac{c_{n_i}}{c_{m_i}} \tag{9.9}$$

联盟集中决策下知识投入产出均衡后，对于单个成员 i，此时的 $\dfrac{\beta(\mu_i M_i)}{\alpha n_i} = \dfrac{c_{n_i}}{c_{m_i}} - \sum_{j \neq i} \dfrac{\beta(\mu_j M_j)}{\alpha n_j}$，根据假设 B 设定，结合联盟知识投入的约束条件 $C_i = c_{m_i}(\mu_i M_i) + c_{n_i} n_i$，经整理，得到联盟知识投入产出稳定后，单个成员知识投入量为 n_i''：

$$n_i'' = \frac{\beta C_i + c_{m_i} \sum_{j \neq i} (\mu_j M_j)}{c_{n_i}(\alpha + \beta)} - \frac{\alpha}{\alpha + \beta} \eta \sum_{j \neq i} n_j, \quad j = 1, 2, \cdots, n \tag{9.10}$$

3. 对均衡结果的讨论

综合分析式（9.5）、式（9.10），可以得出分散决策和集中决策下的两种均衡，不难发现：当弹性系数 $\dfrac{\alpha}{\alpha+\beta}$、$\dfrac{\beta}{\alpha+\beta}$ 一定时（这里暂不讨论联盟中存量与增量知识特征对知识投入的影响），将式（9.10）减去式（9.5），可得两种知识投入产出方式下个体成员知识投入的变化量，如式（9.11）

$$n_i'' - n_i' = \frac{1}{c_{n_i}(\alpha + \beta)} c_{m_i} \sum_{j \neq i} \mu_j M_j, \quad j = 1, 2, \cdots, n \tag{9.11}$$

通过分析式（9.11），可以得到两种决策方式下的知识资源配置一般规律：联盟集中决策下（即帕累托均衡）的知识投入产出水平要高于分散决策时的知识投入量（即纳什均衡），这是因为在联盟中开展集中决策，实现"集体理性"，整合了成员存量知识以及知识片段，打破了原有单个成员"个体理性"下的资源配置"藩篱"，使得原有更多被个体成员保留的知识（或分散存在的知识片段）得到充分整合，并被单个成员内化，这对于我国大量处于"后发"境地的产业技术创新联盟实现知识资源整合、快速发展具有积极的理论启示。

研究还表明：联盟内产生知识转移时（即 $\eta > 0$），联盟成员及联盟的直接投入在一定程度上抑制其他成员投入，而单个成员通过转移、内化其他知识则有利于提升知识量；然而通过转移联盟成员存量知识，这在一定程度上破坏了存量知识的专属性，单个成员决策意愿 μ_i、知识存量 N_{x_1}、知识转移能力系数 $\eta_{x_i x_j}$ 等影响因素将对此类知识转移产生重要影响，且知识转移过程表现出很强的生态性。基于此，为了有效提高知识资源配置效率，有必要从生态学角度，分析三类知识转移（即增量知识、联盟知识、存量知识）的生态演化机理，剖析增量知识对联盟生态系统构建与演化推动及调节作用，对知识资源的配置进行深入研究。

9.2.2 基于 Lotka – Volterra 的知识转移生态关系模型

1. 知识转移生态关系模型构建

基于 7.2.1 的分析结论，考虑到知识转移作用，外部成员（如联盟或者其他成员）直接（或者同时）投入时，会在一定程度上抑制成员的投入，基于此，本章设定联盟考虑所投入知识（即增量知识）具有一定公共性的特点，通过引导联盟成员进行先行投入，在联盟共性、关键技术等环节进行"后投入"，构建"偏利共生"的生态关系；同时联盟成员增量知识也与存量知识产生互动，依托知识投入进行知识转移演化，实现知识内化。设定 9.2.1 中得到均衡知识投入量是投入过程中知识转移演化均衡的结果，令 $n_{x_1}^* = n_{x_1}(n_{x_1}, n_{x_l})$，同理设定 $n_{x_l}^* = n_{x_l}(n_{x_1}, n_{x_l})$，其中 n_{x_l} 代表联盟知识。结合假设 C、假设 D 并考虑该企业的联盟知识引起的相互促进作用（$\delta_{x_1} > 0$），企业增量知识转移模型修改为（9.12）：

$$\Delta n_{x_1} = r_{x_1}\left(1 - \frac{n_{x_1}}{N_{x_1}} + \eta_{x_1 x_l}\frac{n_{x_l}}{\mu_{x_l}N_{x_l}}\right) \cdot n_{x_1}, \ \eta_{x_1 x_l} > 0 \quad (9.12)$$

同理，考虑增量知识对联盟知识增长的影响作用，基于前期研究基础[151]和假设 C、假设 D，对联盟知识增长模型进行适当调整，得到增量知识影响下的联盟知识转移模型为：

$$\Delta n_{x_l} = r_{x_l}\left(-1 - \frac{n_{x_l}}{N_{x_l}} + \eta_{x_l x_1}\frac{n_{x_1}}{\mu_{x_1}N_{x_1}} \right) \cdot n_{x_l}, \ \eta_{x_l x_1} > 0$$

(9.13)

在式 (9.12)、式 (9.13) 中，n_{x_1} 表示需要投入的知识量，N_{x_1} 是联盟成员在垄断情况下的最大知识存量；$\mu_{x_1}N_{x_1}$ 表示联盟 x_l 愿意转移的知识总量。其中，$\eta_{x_1 x_1}\dfrac{n_{x_l}}{\mu_{x_1}N_{x_1}}$ 表示存量知识从联盟知识中进行知识转移进而促进知识存量增长，这里有 $\eta_{x_1 x_1} > 1$ 或者 $\eta_{x_1 x_1} < 1$，分别表示在知识投入过程中，增量知识转移能力较弱或者较强（自身转移能力越强，系数就越大，促进作用越大），$\eta_{x_l x_1}$ 情况类似。其表示的管理实践意义为：与生态系统中能量传递的递减规律相类似，联盟或成员对知识的使用情境存在差异，当知识从一个主体转移至另一主体时，随着知识空间的改变，知识利用情境随之改变，知识的利用率也随之变化。

同理可以分析增量知识与存量知识的交互演化，此时的增量知识函数调整为 $n_{x_1}^* = n_{x_1}(n_{x_1}, \ n_{x_l}, \ n_{x_0})$，同理设定 $n_{x_l}^* = n_{x_l}(n_{x_1}, \ n_{x_l}, \ n_{x_0})$，$n_{x_0}^* = n_{x_0}(n_{x_1}, \ n_{x_l}, \ n_{x_0})$，其中 n_{x_0} 代表存量知识。由此构建由增量知识、存量知识和联盟知识形成的知识转移生态关系模型，如式 (9.14)：

$$
\begin{cases}
\dfrac{\Delta n_{x_1}}{n_{x_1}} = r_{x_1} \cdot \left(1 - \dfrac{n_{x_1}}{N_{x_1}} + \eta_{x_1 x_l}\dfrac{n_{x_l}}{\mu_{x_l}N_{x_l}} + \eta_{x_1 x_0}\dfrac{n_{x_0}}{\mu_{x_0}N_{x_0}} \right), \ \eta_{x_1 x_l}>0, \ \eta_{x_1 x_0}>0 \\[3mm]
\dfrac{\Delta n_{x_0}}{n_{x_0}} = r_{x_0} \cdot \left(-1 - \dfrac{n_{x_0}}{N_{x_0}} + \eta_{x_0 x_l}\dfrac{n_{x_l}}{\mu_{x_l}N_{x_l}} + \eta_{x_0 x_1}\dfrac{n_{x_1}}{\mu_{x_1}N_{x_1}} \right), \ \eta_{x_0 x_1}>0, \ \eta_{x_0 x_l}>0 \\[3mm]
\dfrac{\Delta n_{x_l}}{n_{x_l}} = r_{x_l} \cdot \left(-1 - \dfrac{n_{x_l}}{N_{x_l}} + \eta_{x_l x_1}\dfrac{n_{x_1}}{\mu_{x_1}N_{x_1}} + \eta_{x_l x_0}\dfrac{n_{x_0}}{\mu_{x_0}N_{x_0}} \right), \ \eta_{x_l x_1}>0, \ \eta_{x_l x_0}>0
\end{cases}
$$

$$(9.14)$$

对式（9.14）的讨论，可以简化为以增量知识为中介变量，分别讨论增量知识与联盟知识，以及增量知识与存量之间的交互关系。

2. 增量知识与联盟知识转移的生态关系模型及稳定性分析

结合前文对基于知识转移生态演化的产业技术创新联盟协调模式描述，根据假设 C、假设 D 以及前期研究成果[151]，本章基于 Lotka – Volterra 构建由增量知识与联盟知识组成的知识转移生态关系模型，分析联盟知识对增量知识的影响进行讨论。在相互影响下，由于 $r_{x_1}\neq0$ 且 $r_{x_l}\neq0$，则两类知识演化的稳定条件表示为由变量 n_{x_1} 和 n_{x_l} 组成线性方程组，如式（9.15）：

$$
\begin{cases}
\varphi(n_{x_1}, \ n_{x_l}) = 1 - \dfrac{n_{x_1}}{N_{x_1}} + \eta_{x_1 x_l}\dfrac{n_{x_l}}{\mu_{x_l}N_{x_l}} \\[3mm]
\pi(n_{x_1}, \ n_{x_l}) = -1 - \dfrac{n_{x_l}}{N_{x_l}} + \eta_{x_l x_1}\dfrac{n_{x_1}}{\mu_{x_1}N_{x_1}}
\end{cases}
$$

$$(9.15)$$

基于前期研究[151]可知：演化直线 $\varphi(n_{x_1}, \ n_{x_l})=0$ 与 $\pi(n_{x_1},$

n_{x_l}) $=0$ 在平面上的位置如图 9.1 所示（根据前文假设，设定 n_{x_l} 和 n_{x_l} 均大于 0，两演化直线表示在第一象限中）。当 $\varphi(n_{x_1}, n_{x_l})=0$ 且 $\pi(n_{x_1}, n_{x_l})=0$，可得两类知识增长形成的稳定点：

$A_2(0, \mu_{x_1}N_{x_1})$，$A_3\left(\dfrac{\mu_{x_l}N_{x_l}(\eta_{x_l x_1}-1)}{1-\eta_{x_l x_1}\eta_{x_1 x_l}}, \dfrac{\mu_{x_1}N_{x_1}(1-\eta_{x_1 x_l})}{1-\eta_{x_l x_1}\eta_{x_1 x_l}}\right)$（如图 9.1 所示）。

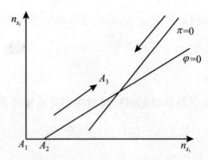

图 9.1　增量知识与联盟知识相互影响下的增长演化趋势

结合图 9.1 及均衡点可知：

（1）由知识转移能力系数 $\eta_{x_l x_1}$，$\eta_{x_1 x_l}$ 构成的组合中，当 $\eta_{x_l x_1}>1$，$\eta_{x_1 x_l}<1$ 时，直线 $\varphi(n_{x_1}, n_{x_l})=0$ 上的点与 $\pi(n_{x_1}, n_{x_l})=0$ 上的点在相互影响下进行演化，并向 A_3 点移动。该演化趋势体现了增量知识与联盟知识增长过程中形成的一定相互依存共生关系。特别地，当 $\eta_{x_l x_1}>1$，$\eta_{x_1 x_l}<1$ 且 $\eta_{x_l x_1}\eta_{x_1 x_l}<1$ 时，在 A_3 点形成稳定态。这表明由于个体知识投入产生的知识转移作用，拉高了联盟知识水平；同时，增量知识与联盟

知识互为依存，共同发展，实现了有效的知识转移与内化，促进了各自知识存量的增加，各成员在稳定点 A_3 处形成较高的知识存量。否则，两类知识很难形成相互依存的共生关系。

（2）在均衡点 A_3 处，两主体的最大知识存量 N_{x_l}、N_{x_1} 值以及决策意愿 μ_{x_l}、μ_{x_1} 决定了知识转移过程中均衡值；其表示的实际意义可以理解为：如果成员的存量知识属于成员的核心知识，知识的专属性高，成员不愿意转移该类知识，即 $\mu_{x_l} \to 0$；由此可以推断：对于"后发"产业技术创新联盟（如新组建的产业技术创新联盟或知识、技术储备不足的联盟），当存量知识较少时（即 N_{x_1} 较小），联盟成员扩大知识转移意愿 μ_{x_1}，有利于快速、高效实现知识转移演化均衡，推动知识内化。

综上所述，知识转移能力系数、知识转移意愿系数、最大知识存量等是影响联盟知识与增量知识相互转移演化、稳定态形成的关键因素。基于此，根据我国产业技术创新联盟所处发展阶段和知识储备情况，通过调整联盟成员知识投入的转移能力系数和转移意愿系数，有望推动联盟成员在更大范围内发挥知识资源的配置效率。具体表现为：设定知识投入均衡下的增量知识 $n_{x_1}^* = n_{x_1}(n_{x_1}, n_{x_l})$，可知：当 $\eta_{x_l x_1} < 1$，$\eta_{x_1 x_l} < 1$ 时，由于没有知识转移，此时需要投入的知识量 $n_{x_1}^* = N_{x_1}$；而当 $\eta_{x_l x_1} > 1$，$\eta_{x_1 x_l} < 1$ 且 $\eta_{x_l x_1} \eta_{x_1 x_l} < 1$ 时（即两类知

识转移演化的均衡点位于 A_3），需要投入的知识量 $\mu_{x_1} N'_{x_1} =$

$\dfrac{1 - \eta_{x_{l^{x_1}}} \eta_{x_1 x_1}}{1 - \eta_{x_{l^{x_1}}}} \mu_{x_1} N_{x_1}$。由于 $\eta_{x_{l^{x_1}}} > 1$，不难得出知识转移均衡后的

知识量 $N'_{x_1} < N_{x_1}$，即通过联盟知识与增量知识构建相互依存

的共生关系，产生了协同倍增效应，促成了知识内化，可以

减少单个成员知识投入，达到均衡时所需的知识投入量，优

化了跨组织知识资源配置。

同理可以讨论增量知识与存量知识之间的交互关系，其

讨论过程与上述讨论类似。

3. 知识转移生态关系演化的扩展分析

基于上述讨论，结合式（9.15），考虑联盟知识与存量知

识同时影响增量知识，令 $n^*_{x_1} = n_{x_1}(n_{x_1}, \ n_{x_l}, \ n_{x_0})$，由于 $\eta_{x_1 x_0}$

$\dfrac{n_{x_0}}{\mu_{x_0} N_{x_0}} > 0$，$\eta_{x_{l^{x_0}}} \dfrac{n_{x_0}}{\mu_{x_0} N_{x_0}} > 0$，则在存量知识影响下，图 9.1 中两

直线的演化趋势如图 9.2 所示，其均衡点从 A_3 转移到 A'_3（两

条虚线相交处）。

从图 9.2 中不难发现：增量知识和联盟知识 A'_3 点处取得

的知识均衡值高于 A_3 处的均衡值（同理可以分析增量知识与

存量知识的演化关系）。由此可见：以增量知识为核心动力，

并以此为纽带，调节联盟知识，构建相互依存的知识共生关

系，利用增量知识拉动存量知识，推动联盟知识的增加，实

现联盟内个体知识与联盟知识的有序演化，有利于维持系统的稳定性，促进知识内化，推动联盟成员知识的增加，优化联盟知识资源的跨组织配置。

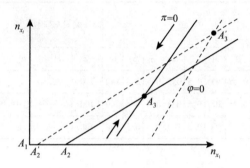

图 9.2　考虑存量知识影响下的两类知识增长演化趋势

9.3　数值算例及模拟分析

1. 数值算例与分析

为了全面、清晰地反映投入产出过程中的知识均衡状态及三类知识演化过程，本章根据前文研究假设条件，以产业技术创新联盟成员 x_1、x_2 及联盟 x_l 为对象，根据前文假设条件和研究过程设定数值，分别对存量知识特性参数 α、增量知识特性参数 β、存量知识 M、存量知识运作成本系数 c_{m_i}、增量知识运作系数 c_{n_i}、知识转移能力系数 η，知识转移意愿系数 μ_j 等进行赋值，计算投入均衡时的知识投入量，对知识资源的投入产出效用进行讨论，见表 9.1。

表 9.1 两种决策下的知识投入产出数值模拟结果

序号	参数								成员知识投入量			总知识量
	α	β	M	c_{n_i}	c_{m_i}	η	μ_j	C_i	$n_2(n_1)$	$n_1'(n_2')$	$n_1''(n_2'')$	$N_1(N_2)$
1a	0.75	0.25	300	0.5	0.3	0.5	0.4	140	100	32.5	—	82.5
2a	0.75	0.25	300	0.5	0.3	0.5	0.4	140	100	—	104.5	154.5
2b	0.75	0.25	300	0.5	0.3	0.5	0.5	140	100	—	122.5	172.5

表 9.1 中 1a 与 2a 表示联盟成员 x_1、x_2 的知识投入，2b 表示对知识转移能力系数等值调整后的结果，对比分析表 1 中的成员知识投入量，可知：

（1）对比分析 1a 和 2a 中的最终知识投入量，不难发现：$n_1'' > n_1'$，与分散决策相比，集中决策可以在联盟更大范围内实现知识资源的配置；对比分析 1a 中的知识投入量，不难发现：随着联盟成员知识投入 n_2 的增加，成员的均衡时的投入量会小于初期预计投入量（$n_1 < n_1'$），即知识投入过程中，联盟成员具有产业共性的知识投入会产生"挤出效应"和"囚徒困境效应"，上述数值算例验证了 9.2 的分析过程及结果。

（2）对比分析 2a 与 2b，不难发现：随着知识转移意愿

系数 μ_j 的增加，$n_1'' > n_1'$，即最终形成知识投入均衡量 n_1'' 也会增加，这表明通过跨组织的知识转移，实现了知识的内化，由此验证了 9.2 的分析结果。

另外，为进一步分析单个成员存量知识、增量知识和联盟知识转移的生态演化过程，本章采用 Matlab R2012b 软件进行模拟。基于前文假设，设定联盟中增量知识、存量知识和联盟知识的最大值 $N_{x_1} = 82.5$（以分散决策中的投入量为例），$N_{x_0} = 300$，$N_{x_l} = 200$，知识增长速度 $r_{x_1} = 0.1$，$r_{x_l} = r_{x_0} = 0.2$，三类知识存量初始状态值 $n_{x_1} = 10$，$n_{x_0} = 10$，$n_{x_l} = 5$，决策意愿 $\mu_{x_1} = \mu_{x_0} = 0.5$，$\mu_{x_l} = 1$，$\eta_{x_1 x_0} = \eta_{x_1 x_l} = 0.2$，$\eta_{x_0 x_1} = 1.5$，$\eta_{x_l x_1} = 1.2$，仿真结果如图 9.3（a）、（b）、（c）所示。

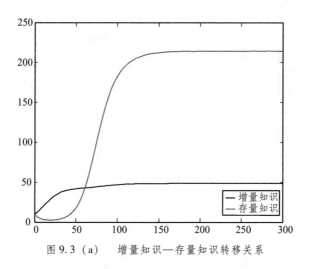

图 9.3（a）　增量知识—存量知识转移关系

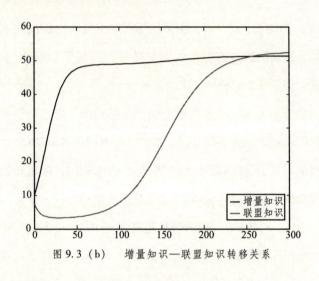

图 9.3 （b） 增量知识—联盟知识转移关系

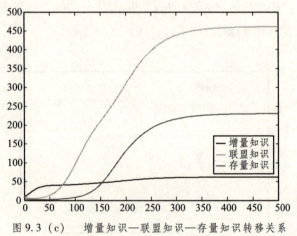

图 9.3 （c） 增量知识—联盟知识—存量知识转移关系

　　其中，图 9.3 （a）、（b）反映出增量知识与存量知识，增量知识与联盟知识转移的演化过程，图 9.3 （c）反映出三

类知识转移的演化过程。仿真研究表明：知识转移能力系数
决定三类知识能否实现增长均衡，成员个体的最大知识存量
和知识转移意愿系数将决定均衡点的值（尤其是增量知识的
均衡点），这也说明当联盟知识储备较低时（尤其是"后发"
产业技术创新联盟缺乏关键、共性技术与知识储备），知识转
移将处于低效率均衡；而通过鼓励成员投入增量知识（图
9.3（c）），并以此为动力和纽带，利用增量知识拉动存量知
识，推动联盟知识增加，构建相互依存的共生关系，有利于
提升知识转移的稳定性。例如需投入 82.5 的增量知识 n_{x_1}
（分散决策中知识投入的均衡量），当增量知识—存量知识转
移时，投入量 $n_{x_1}^* = 72.2$ 即可，同理当考虑增量知识—联盟知
识转移时，投入量 $n_{x_1}^{**} = 78.4$，均小于知识不转移时的投入
量，这表明通过有效知识转移，提升了知识存量；同理可以
分析三类知识转移时的增量知识，由此验证了 7.3 中的分析
结果。另外，可以调整知识转移意愿系数，分析知识转移意
愿系数对知识转移演化均衡的影响。

综上所述，上述算例验证了产业技术创新联盟成员知识
投入产出的帕累托均衡与纳什均衡，为知识资源的跨组织配
置提供了理论启示，同时也验证了知识转移能力系数、知识
转移意愿系数以及知识存量对由增量知识、存量知识、联盟

知识构建的共生关系及演化的影响机理。

2. 研究结论与启示

产业技术创新联盟投入知识具有一定的产业导向性，知识转移生态演化是该联盟中知识管理的重要特征，本章融合效用理论、知识管理、生态位等理论设计了基于知识转移生态演化的产业技术创新联盟协调模式，开展定性与数值算例分析，剖析知识转移对创新利润的影响，可以得到如下结论：

（1）本章基于知识管理、生态位等理论，将联盟中的知识细分为存量知识、增量知识和联盟知识，设计的基于知识转移生态演化的产业技术创新联盟协调模式，揭示了产业技术创新联盟知识转移机理，拓展了知识转移研究的新视角，使得对联盟知识转移进入更深层次的认识；

（2）针对产业技术创新联盟知识转移的生态演化特点，基于改进柯布—道格拉斯函数构建知识投入产出效用模型和基于改进 Lotka – Volterra 构建知识转移生态关系模型，将传统投入产出利润模型与 Lotka – Volterra 模型进行嫁接，拓展了传统投入产出效用模型函数建模方法；

（3）基于产业技术创新联盟知识转移机理，通过构建相互依存的生态关系，可以有效促进联盟成员间知识转移和内化，降低单个成员以及联盟知识投入量，为联盟提高知识资源配置效率提供理论支持。

本章的研究过程与结论对于优化跨组织的知识资源配置效率以及推动产业技术创新发展具有一定的启示作用，具体表现为：

（1）本章对比分析了集中决策与分散决策下的知识投入产出效用，发现集中决策下有利于整合产业技术创新联盟成员更多的知识资源。因此，相比于发达国家，我国大量"后发"产业技术创新联盟要迅速实现产业技术知识储备，既要根据知识存量选择互补性的成员，又要构建基于共生关系的知识生态系统，推动有序演化，形成协同倍增效应；

（2）考虑到产业技术创新联盟投入知识具有一定的产业导向性，联盟要协调存量知识、增量知识和联盟知识中的转移意愿系数，调整三类知识的生态位关系，发挥好增量知识对存量知识、联盟知识的纽带作用，以此优化跨组织的知识资源配置效率；

（3）联盟成员利用"练内功"，强化对联盟知识、存量知识的识别和转移能力，是构建知识生态系统的关键。因此，联盟各成员要提高自身知识转移能力系数，提升知识转移和吸收能力水平，促进知识在联盟内的有序转移和流动，实现知识转移的高效率均衡，推动知识内化。

9.4 本章小结

本章针对基于知识转移生态演化的产业技术创新联盟协调模式，基于改进柯布—道格拉斯函数建立知识投入产出效用模型和基于 Lotka – Volterra 构建知识转移生态关系模型，结合定性与数值算例分析了联盟纳什均衡与帕累托均衡下的成员知识投入量，并揭示了存量知识、增量知识、联盟知识之间生态关系演化机理。研究表明：增量知识、知识转移能力系数、知识转移意愿系数等对成员知识转移演化均衡及投入产出效用的影响较大，通过以增量知识为核心动力，协调联盟中三类知识转移能力系数和意愿系数，构建相互依存的知识共生关系，有利于推进知识的有序增长，提高产业技术创新中的知识资源配置效率，促进成员及联盟效用的增加。

10

总结与展望

10.1 本书的主要结论与贡献

本书对产业技术创新联盟、知识交互等相关理论的国内外研究状况进行了综述、评论，梳理出研究的理论基础和研究脉络。在研究过程中采用了归纳总结与对比研究相结合、理论研究与演绎分析相结合、数学建模与模拟仿真相结合等研究方法，对产业技术创新联盟内知识交互关系及演化过程、基于知识交互关系演化的产业技术创新联盟协调模式进行了系统的分析，并结合算例进行了验证。全书主要研究成果如下：

（1）揭示了产业技术创新联盟内知识交互关系及演化机理。将产业技术创新联盟中的知识交互分解为双轮驱动下的产业技术创新联盟内知识交互关系模式和市场主导下的产业技术创新联盟内知识交互关系模式，通过数理建模和模拟分析，揭示了产业技术联盟中知识交互机理。

（2）拓展了传统建模方法。将传统经济学中的效用模型、AJ 模型与生态学中的 Lotka – Volterra 系统动力模型的集成，拓展了传统经济学中投入产出建模方法和生态学的相关建模方法；

（3）提出了 5 种基于知识交互的产业技术创新联盟协调模式。分别从存量知识、增量知识和联盟知识交互的角度，提出了 5 种产业技术创新联盟协调模式，为优化跨组织的知识资源配置效率提供了新的建设思路。

10.2 本书的创新之处

（1）构建产业技术创新联盟协调模式，深化产业技术创新理论研究。本书发现产业技术创新创新具有一定的产业导向的准公共性、知识交互存在生态演化性等特征。有别于传统技术创新从博弈论等视角的探索，本书从生态学的角度研究知识交互关系及演化对产业技术创新的协调发展，提升对产业技术创新的认识，使产业技术创新理论进入新的研究领域和更深的研究层次。

（2）开展数理建模及模拟分析，揭示知识交互关系及演化机理。本书基于改进 Lotka – Volterra 模型研究知识交互关系及演化机理、融合效用模型、AJ 模型揭示产业技术创新协调机理，拓展了传统知识交互、投入产出等方面的建模与分析方法。

（3）提出促进产业技术创新的对策建议，推动产业技术创新发展。结合知识交互关系及演化机理，产业技术创新知识资源配置机理等研究结论，提出 5 种产业技术创新联盟协调模式，推动产业技术创新发展，更加符合当前升级传统产业和发展战略性新兴产业管理实践的需要。

10.3 研究不足及展望

作为后发国家，产业技术创新是我国推动传统产业转型升级和发展战略性新兴产业的重要举措。本书从优化知识交互关系的角度对产业技术创新中的知识资源配置方式进行了讨论。作为一种新型的管理思想、方法、技术等，无论是从理论角度，还是从实践角度，都还有待进一步发展；加上本人能力、水平和时间的限制，书中不可避免存在一些不足，因此，知识交互关系、产业技术创新协调等方面仍有待作者下一步更加深入的研究，如：

（1）本书仅仅对产业技术创新联盟中部分知识交互关系及演化模式进行了讨论，如何全面、系统的分析联盟中各类主体、各类知识交互关系及演化均衡，对产业技术创新联盟中构建的知识生态系统演化过程进行系统讨论，丰富和拓展知识生态系统中的相关理论与分析方法，将是下一步需要不断完善的重点；

（2）如何结合具体的产业技术创新联盟（如战略性新兴产业、传统产业等），实证研究知识吸收能力系数、最大知识存量等因素对知识交互关系及演化的影响，找出不同行业跨组织知识资源配置的边界，以及拓展产业技术创新建模及分析方法，优化跨组织的知识资源配置效率，将未来是深入研究的方向；

（3）如何细分产业技术创新联盟（如传统产业、新兴产业、战略性新兴产业等），结合该类产业技术创新的特点，深入剖析存量知识、联盟知识、投入知识等经济特征对成员知识共享、知识投入等决策的影响机理，以此调整联盟激励与约束条件，探索差异化、个性化的激励机制并以此推动联盟及成员取得最大效用，提出推动联盟知识共享与投入，取得"满意"效用的策略也值得深入研究；

（4）产业技术创新行为具有产业导向的准公共性，如何结合具体的产业技术创新联盟及其特点，对其中的知识投入或创新产品投入进行补贴，以期优化政府投入资源的效率也是值得深入研究的方向。

参 考 文 献

[1] 殷群，贾玲艳．中美日产业技术创新联盟三重驱动分析 [J]．中国软科学，2012 (9)：80－88.

[2] 李新男．创新"产学研结合"组织模式构建产业技术创新战略联盟 [J]．中国软科学，2007 (3)：26－31.

[3] 陈立勇．产业技术创新战略联盟知识治理研究 [D]．长沙：湖南大学，2012.

[4] 周青，王乃有，马香媛．产业技术创新战略联盟冲突类型与影响因素的关联分析 [J]．科学学研究，2014，32 (3)：473－480.

[5] 王珊珊，王宏起．面向产业技术创新联盟的科技计划项目管理研究 [J]．科研管理，2012 (3)：11－17.

[6] Norman P M. Protecting knowledge in strategic alliances resource and relational characteristics [J]. Journal of High Technology Management Research, 2002, 13: 117－202.

[7] 熊彼特．经济发展理论 [M]．何畏，易家详，译．

北京：商务印书馆，1990.

[8] 龙跃，尹华川. 中小企业创新驱动发展研究 [M].
北京：经济科学出版社，2016.

[9] 顾新. 区域创新系统论 [M]. 四川：四川大学出版
社，2005.

[10] 傅家骥. 技术经济学 [M]. 北京：清华大学出版
社，1998.

[11] 林如海，彭维湘. 企业创新理论及其对企业创新能
力评价意义的研究 [J]. 科学学与科学技术管理，2009
(11)：118 - 121.

[12] Mockler R J. Making decisions on enterprise-wide stra-
tegic alignment in multinational alliances [J]. Management Deci-
sion，2001，39 (2)：90 - 99.

[13] Das，T K，Teng B. A Resource - Based Theory of
Strategic Alliances [J]. Journal of management，2000，26 (1)：
31 - 61.

[14] 刘志迎，李芹芹. 产业链上下游链合创新联盟的博
弈分析 [J]. 科学学与科学技术管理，2012，33 (6)：36 -
41.

[15] 赵兰香，乐慧兰. 合作创新中知识传递与制度创新
的和谐问题 [J]. 科学学研究，2002 (6)：654 - 658.

[16] Miozzo M, Grimshaw D, Modularity and innovation in knowledge-intensive business services: IT outsourcing in Germany and the UK [J]. Research Policy, 2005.34 (9): 1419 – 1439.

[17] Kalaignanam K, Shankar V, Varadarajan R. Asymmetric New Product Development Alliances: Win – Win or Win – Lose Partnerships [J]. Management Science, 2007, 53 (3): 357 – 374.

[18] Lundvall B. Product innovation and user-producer interaction. Industrial Development Research Series, Aalbory: Aalbory University Press, 1995, 79 – 91.

[19] Tether B. The Sources and Aims of Innovation in Services: Variety Between and Within Sectors [J]. Economics of Innovation and New Technology, 2002, 6 (12): 481 – 505.

[20] 范群林, 邵云飞, 唐小我. 知识密集型服务机构与集群制造企业交互创新的自发演化研究 [J]. 科学学与科学技术管理, 2012, 33 (4): 147 – 155.

[21] Faems D, Janssens M, Neyens I. Alliance portfolios and innovation performance connecting structural and managerial perspectives [J]. Group Organization Management, 2012, 37 (2): 241 – 268.

[22] 万钢. 把握全球产业调整机遇，培育和发展战略性新兴产业 [J]. 求是，2010（1）：6-12.

[23] 李恒毅，宋娟. 新技术创新生态系统资源整合及其演化关系的案例研究 [J]. 中国软科学，2014（6）：129-141.

[24] 王发明，刘丹. 产业技术创新联盟中焦点企业合作共生伙伴选择研究 [J]. 科学学研究，2016，34（2）：246-252.

[25] 现代汉语词典 [M]. 北京：商务印书馆，1996.

[26] Longman Dictionary of Contemporary English [M]. Pearson Education Limited，2001.

[27] Grant R. M. Toward a Knowledge-based Theory of the Firm [J]. Strategic Management Journal，1996（17）：109-122.

[28] Joshi K D, Saonee S, Suprateek S. Knowledge Transfer within Information Systems Development Teams: Examining the Role of Knowledge Source Attributes [J]. Decision Support Systems，2007，43（2）：322-335.

[29] Jina K, Mooweon R, Ki H K. Revisiting Knowledge Transfer: Effects of Knowledge Characteristics on Organizational Effort for Knowledge Transfer [J]. Expert Systems with Applica-

tions, 2010, 37 (12): 8155 - 8160.

[30] 冯新舟, 何自力. 组织知识创新及其管理 [J]. 中国科技论坛, 2010 (2): 28 - 31.

[31] 胡海青, 李智俊, 张道宏. 高新技术网络企业知识创新能力影响因素分析——基于西安高新区企业的实证研究 [J]. 管理评论, 2011, 23 (10): 56 - 65.

[32] Wegner D M. A computer network model of human transactive memory [J]. Social Cognition, 1995, 13 (3): 319 - 339.

[33] Gravier M J, Randall W S, Strutton D. Investigating the role of knowledge in alliance performance [J]. Journal of Knowledge Management. 2008, 12 (4): 117 - 130.

[34] 王先甲, 全吉, 刘伟兵. 有限理性下的演化博弈与合作机制研究 [J]. 系统工程理论与实践, 2011, 31 (10): 83 - 90.

[35] Bandyopadhyay S. Pathak P. Knowledge sharing and cooperation in outsourcing projects - A game theoretic analysis [J]. Decision Support Systems, 2007, 43: 349 - 358.

[36] Webull J. Evolutionary Game Theory [M]. Princeton: Princeton Press, 1995.

[37] Loasby B J. The evolution of knowledge: beyond the

biological model [J]. Research Policy, 2002, 31: 1227 - 1239.

[38] 刘臣, 单伟, 于晶. 组织内部知识共享的类型及进化博弈模型 [J]. 科研管理, 2014, 35 (2): 145 - 153.

[39] Kang M, Kim B. Embedded resources and knowledge transfer among R&D employees [J]. Journal of Knowledge Management, 2013, 17 (5): 709 - 723.

[40] 杨震宁, 李晶晶. 技术战略联盟间知识转移, 技术成果保护与创新 [J]. 科研管理, 2013, 34 (8): 17 - 26.

[41] Fallah M H, Ibrahim S. Knowledge spillover and innovation in technological clusters [C]. Washington, DC: Proceedings, IAMOT 2004 Conference, 2004.

[42] Cohen W M, Levinthal D A. Absorptive capacity: a new perspective on learning and innovation [J]. Administrative Science Quarterly. 1990, 35 (1): 128 - 152.

[43] 王铮. 面向创新的开放知识资源管理若干理论问题研究 [J]. 图书情报工作, 2015, 59 (5): 31 - 39.

[44] Maura S. Condition for knowledge sharing incompetitive alliances [J]. European Management Journal, 2004, 21 (5): 578 - 587.

[45] Kogut B. The network as knowledge: generative rules and the emergence of structure [J]. Strategic Management Jour-

nal, 2002, (21): 405 – 425.

[46] Huber G P. Organizational learning: The contributing processes and the literatures. Organization Science, 1991 (2): 88 – 115.

[47] 蒋樟生，胡珑瑛. 技术创新联盟知识转移决策的主从博弈分析 [J]. 科研管理，2012, 33 (4): 41 – 47.

[48] 刁丽琳，朱桂龙. 产学研联盟契约和信任对知识转移的影响研究 [J]. 科学学研究，2015, 33 (5): 723 – 733.

[49] 谢恩，梁杰. 中外企业间差异对知识转移的影响研究 [J]. 科学学与科学技术管理，2015, 36 (2): 44 – 51.

[50] West J, Gallagher S. Challenges of open innovation: The paradox of firm investment in open-source software [J]. R&D Management, 2006, 36 (3): 319 – 331.

[51] Chesbrough H W. Open innovation: The new imperative for creating and profiting from technology [M]. Boston: Harvard Business School Press, 2003.

[52] Akiya N. Knowledge flow from the scientific sector to private firms: a review on the policy of technology transfers in Japan [J]. International Journal of Innovation and Technology Management. 2007, 4 (4): 495 – 510.

[53] Su H N, Lee P C. Framing the structure of global

open innovation research [J]. Journal of Informetrics, 2012, (6): 202 – 216.

[54] Nonaka I. The knowledge creating company [J]. Harvard Business Review, 1991 (11/12): 96 – 104.

[55] Kaser A W, Raymond E. Understanding knowledge activists successes and failing [J]. Long Range Planning, 2002, 35 (1): 9 – 28.

[56] Inkpen A. A note on the dynamics of learning alliances: cooperation and relative scope strategic [J]. Strategic Management Journal, 2000, 21 (7): 775 – 779.

[57] Fey C F, Furu P. Top management incentive compensation and knowledge sharing in multinational corporations [J]. Strategic Management Journal, 2008, 29 (12): 1301 – 1323.

[58] Senge P M. Sharing knowledge [J]. Executive Excellence, 1997, 14 (11): 17 – 20.

[59] Felin T, Foss N J. Individuals and organizations: thoughts on a micro-foundations project for strategic management and organizational analysis [J]. Research Methodology in Strategy and Management, 2006, 3: 253 – 288.

[60] Cabrera A, Cabrera E. F. Knowledge-sharing dilemmas [J]. Organization Studies, 2002, 23 (5): 687 – 710.

［61］ Bandyopadhyay S. , Pathak P. Knowledge sharing and cooperation in outsourcing projects – A game theoretic analysis ［J］. Decision Support Systems, 2007, 43：349 – 358.

［62］陈东灵. 知识团队知识分享困境的博弈机理研究——对两种均衡策略的比较 ［J］. 图书情报工作, 2011, 55 (24)：97 – 101.

［63］肖灵机, 汪明月. 战略性新兴产业知识异地协同共享机制研究 ［J］. 研究与发展管理, 2016, 28 (3)：36 – 46.

［64］施建刚, 林陵娜, 唐代中. 整合个体激励和团队激励的多主体项目团队成员知识共享激励 ［J］. 系统工程, 2015, 33 (4)：37 – 45.

［65］吴继兰, 张嵩, 邵志芳, 马光. 基于知识贡献考核和效用的组织个体知识共享博弈分析与仿真 ［J］. 管理工程学报, 2015, 29 (1)：216 – 222.

［66］ Griliches Z. Issues in Assessing the Contribution of Research and Development to Productivity Growth ［J］. The Bell Journal of Economics. 1979, 10 (1)：92 – 116.

［67］ Aspremont C, Jacquemin A. Cooperative and noncooperative R&D in duopoly with spillovers ［J］. American Economic Review, 1988, 78 (5)：1133 – 1137.

［68］ Kumar R, Nti K O. Differential learning and interaction in alliance dynamics: A process and outcome discrepancy model [J]. Management Science, 1998, 9 (3): 356 –367.

[69] Nonaka I, Toyama R, Nagata A, A firm as a knowledge-creating entity: a new perspective on the theory of the firm [J]. Industrial and Corporate Change, 2002, 9 (1): 1 –20.

[70] Hippel E, Krogh G. Free revealing and the private-collective model for innovation incentives [J]. R&D Management, 2006, 36 (3): 295 –306.

[71] 张庆普, 张伟. 知识溢出条件下组织内个体知识生产活动的知识投入研究 [J]. 运筹与管理, 2013, 22 (1): 221 –229.

[72] 熊榆, 张雪斌, 熊中楷. 合作新产品开发资金及知识投入决策研究 [J]. 管理科学学报, 2013, 16 (9): 53 – 63.

[73] 刘纳新, 伍中信. 隐性知识共享下的供应链利润分配模型及经济性分析 [J]. 系统工程, 2015, 33 (3): 60 – 63.

[74] Grant R M, Baden F. A Knowledge Accessing Theory of Strategic Alliances [J]. Journal of Management Studies, 2004, 41 (1): 61 –84.

[75] Numprasertchai S, Igel B. Managing knowledge

through collaboration: multiple case studies of managing research in university laborato ries in Thailand [J]. Technovation, 2005 (10): 1173 – 1182.

[76] 赵炎, 王琦, 郑向杰. 网络邻近性、地理邻近性对知识转移绩效的影响 [J]. 科研管理, 2016, 37 (1): 128 – 136.

[77] Chen D N, Liang T P, Lin B. An ecological model for organizational knowledge management [J]. Journal of Computer Information Systems, 2010, 50 (3): 11 – 22.

[78] 蒋天颖, 程聪. 企业知识转移生态学模型 [J]. 科研管理, 2012, 33 (2): 130 – 137.

[79] 赵琨, 隋映辉. 基于创新系统的产业生态转型研究 [J]. 科学学研究, 2008, 26 (1): 191 – 198.

[80] Bray D. Knowledge Ecosystems: Technology, motivations, processes, and performance [D]. Atlanta: Emory University, 2008.

[81] Edward U B, Mark B H. Establishing a high-technology knowledge transfer network: the practical and symbolic roles of identification [J]. Industrial Marketing Management, 2008, 37 (6): 641 – 652.

[82] Krogh G V, Geilinger N. Knowledge creation in the

ecosystem: Research imperatives [J]. European Management Journal, 2014 (32): 155 – 163.

[83] Nonaka. I. &Takeuchi. H. The knowledge creating company: how Japanese companies create the dynamics of innovation. New York. Oxford University Press. 1995.

[84] Nonaka I, Konno N. The concept of "Ba": building a foundation for knowledge creation [J]. California Management Review, 1998, 40 (3): 40 – 54.

[85] 野中郁次郎, 竹内弘高. 创造知识的企业 [M]. 北京: 知识产权出版社 2006.

[86] Amidon D M. Innovation Strategy for the Knowledge Economy: the Ken Awakening [M]. Boston: Butterworth – Heinemann, 1997. 7.

[87] 路甬祥. 知识创新是推动技术创新和高技术产业化的不竭源泉与动——中科院知识创新工程试点工作的总结回顾 [J]. 求是, 1999 (17): 7 – 11.

[88] 晏双生. 知识创造与知识创新的含义及其关系论 [J]. 科学学研究, 2010, 28 (8): 1148 – 1152.

[89] 尹彦. 知识型企业知识创新演化模型及其评价研究 [D]. 天津: 天津大学, 2011.

[90] 史丽萍, 唐书林. 基于玻尔原子模型的知识创新新

解［J］. 科学学研究，2011，29（12）：1797 - 1806.

［91］栗沛沛，钟昊沁. 知识创新的含义及其运作过程［J］. 科学管理研究，2002，20（6）：10 - 12.

［92］王玉梅. 基于技术创新过程的知识创新运行机理分析与网络模型的构建［J］. 科学学与科学技术管理，2010（9）：111 - 114.

［93］张东，王惠临. 知识创新空间理论述评［J］. 图书情报工作，2012，54（24）：75 - 78.

［94］McElroy, M. W. Integrating complexity theory, knowledge management and organizational learning［J］. Journal of Knowledge Management，2000，4（3）：195 - 203.

［95］王彦博，和金生. 跨组织的知识创新网络研究［J］. 科学学与科学技术管理，2010（10）：93 - 97.

［96］Inkpen A C. Learning, knowledge management and strategic alliances［J］. European Management Journal，1998，16（2）：223 - 229.

［97］Wang D, Su Z F, Yang D T. Organizational Culture and Knowledge Creation Capability［J］. Journal of Knowledge Management，2011，15（3）：363 - 373.

［98］Zhou J, Oldham G R. Enhancing creative performance：Effects of expected developmental assessment strategies and creative personality [J]. Journal of Creative Behavior, 2001, 35 (3): 151 – 167.

[99] Perry – Smith J E, Shalley C E. The social side of creativity: A static and dynamic social network perspective [J]. Academy of Management Review, 2003, 28 (1): 89 – 106.

[100] 吴杨，苏竣. 科研团队知识创新系统的复杂特性及其协同机制作用机理研究 [J]. 科学学与科学技术管理，2012, 33 (1): 156 – 165.

[101] 王晰巍，林明兴，刘恋. 低碳经济下产业技术链演进中知识创新螺旋及路径研究 [J]. 情报科学，2011, 29 (7): 1010 – 1014.

[102] 纪慧生，陆强，王红卫. 产品开发过程的知识创新螺旋研究 [J]. 科研管理，2011, 32 (9): 22 – 27.

[103] 和金生，熊德勇. 基于知识发酵的知识创新 [J]. 科学学与科学技术管理，2005 (2): 54 – 57.

[104] 王玉梅. 基于动力学的组织知识创新联盟网络协同发展评价研究 [J]. 科学学与科学技术管理，2010 (10): 119 – 124.

[105] 游静. 基于 ERG 理论的异构信息系统知识创新激励机制研究 [J]. 科学学与科技技术管理，2010 (2) 86 – 90.

[106] 邹波，张庆普，田金信. 企业知识团队的生成及

知识创新的模型与机制 [J]. 科研管理.2008, 29 (2): 81 -
88.

[107] 金芸, 孙东川. 基于 CAS 理论的组织知识创造影
响因素分析 [J]. 科研管理, 2009, 30 (3): 74 -78.

[108] 何志国, 彭灿.BP 神经网络在知识型企业研发团
队知识创新绩效评价中的应用研究 [J]. 图书情报工作, 2009
(8): 28 -30.

[109] 龙飞, 戴昌钧. 组织知识创新管理基础的结构方
程分析与实证 [J]. 科学学研究.2010, 28 (12): 1868 -
1876.

[110] Kudyba S. Enhancing orgranisational information flow
and knowledge creation in reengineering supply chain systems:
analysis of the U. S. automotive parts and supplies model [J]. In-
ternational Journal of Innovation Management, 2006, 10 (2):
163 -175.

[111] Roberto C, Lucal L. Dynamic R&D with spillovers:
competition vs. cooperation [J]. Journal of Economic Dynamics&
Control, 2009 (33): 568 -582.

[112] 洪江涛, 黄沛. 企业价值链上协同知识创新的动
态决策模型 [J]. 中国管理科学, 2011, 19 (4): 130 -136.

[113] Osterloh M, Frey B S. Motivation, knowledge trans-

fer and organizational form [J]. Organization Science, 2000 (11): 538 – 550.

[114] 蒋翠清, 杨善林, 梁昌勇, 丁勇. 发达国家企业知识创新网络连接机制及其启示 [J]. 中国软科学, 2006 (8): 134 – 140.

[115] 张玲, 李淑芬, 马鸿佳. 集群网络结构对知识创新过程的影响研究——以长春汽车产业集群为例 [J]. 图书情报工作, 2011, 55 (4): 62 – 66.

[116] 疏礼兵, 胡赤弟. 面向业务流程的现代制造企业流程知识创新与管理策略研究 [J]. 科学学与科学技术管理, 2012, 33 (4): 75 – 79.

[117] 陈荔, 顾新建, 徐福缘. 面向大批量定制知识创新的知识管理方法研究 [J]. 科研管理, 2011, 32 (2): 74 – 81.

[118] 林婷婷. 产业技术创新生态系统研究 [D]. 哈尔滨: 哈尔滨工程大学, 2012.

[119] 孙冰, 龚希, 余浩. 网络关系视角下技术生态位态势研究——基于东北三省新能源汽车产业的实证分析 [J]. 科学学研究, 2013, 31.

[120] 孙晓华, 王林. 范式转换、新兴产业演化与市场生态位培育 [J]. 经济学家, 2014 (5): 54 – 62.

[121] Grinell J. The Niche Relationship of the California

Thrasher ［J］. Auk, 1917 (34): 25 – 28.

［122］ Hutchinson G E. A Treatise On Limnology ［J］. New York, 1957, 59 (2): 169 – 176.

［123］ Odum E P. Fundamentals of Ecology ［J］. Philadelphia: WB Saunders, 1959 (2): 15 – 18.

［124］ Pouder R, John C H ST. Hot spots and blind: Geographical clusters of firms and innovation ［J］. Academy of Management Review, 1996, 21 (4): 1192 – 1225.

［125］ Hannan M T, Carroll G R. Dynamics of Organizational Populations: Density, Legitimation and Competition ［M］. Oxford University Press, New York, 1992: 256 – 258.

［126］ Francesca G, Mario A. Maggioni. Regional Development Strategies in Changing Environments: An Ecological Approach ［J］. Regional Studies, 1998, 32 (1): 49 – 61.

［127］ Aurik J C, Jonk G J, Willen R E. Rebuilding the corporate Genome: Unlocking the Real Value of Your Business ［J］. Wliey, 2003, 16 (12): 101 – 126.

［128］ 曾昭朝. 市场生态系统及其物质代谢过程的理论研究 ［D］. 南京: 南京林业大学, 2007.

［129］ 王启万. 品牌生态位理论评述与展望 ［J］. 技术经济与管理研究, 2011, (12): 47 – 50.

[130] 何继善，戴卫明. 产业集群的生态学模型及生态平衡分析 [J]. 北京师范大学学报（社会科学版），2005，(1)：126-132.

[131] 刘天卓，陈晓剑. 产业集群的生态属性与行为特征研究 [J]. 科学学研究，2006，24 (2)：48-50.

[132] 于颖. 产业集群品牌生态系统协同进化研究 [D]. 沈阳：辽宁大学，2013.

[133] 唐建荣，汪肖肖，潘洁. 物流产业集群"生态位适宜度"实证研究 [J]. 华东经济管理，2015，(11)：102-107.

[134] 朱春全. 生态位态势理论与扩充假说 [J]. 生态学报，1997，(3)：324-332.

[135] 万伦来. 企业生态位及其评价方法研究 [J]. 中国软科学，2004，(1)：73-78.

[136] 边伟军，刘文光. 科技创业企业种群生态位测度方法研究 [J]. 科学学与科学技术管理，2014，(12)：148-157.

[137] 郭燕青，姚远，徐菁鸿. 基于生态位适宜度的创新生态系统评价模型 [J]. 统计与决策，2015，(15)：13-16.

[138] 谢奔一，蒋惠园. 企业生态位竞争战略的选择研

究——以湖北省港口群为例 [J]. 管理现代化, 2016, (1): 48 - 50.

[139] 杜媚, 姜前昆, 唐立新. 生态位视角下物流产业竞争力评价——以长江中游城市群16城市为例 [J]. 商业经济研究, 2016, (22): 77 - 79.

[140] 商华, 惠善成, 郑祥成. 基于生态位模型的辽宁省城市人力资源生态系统评价研究 [J]. 科研管理, 2014, 35 (11): 156 - 162.

[141] 刘会新, 刘星晨. 基于"资源—能力—地位"生态位评价体系的企业资源分析 [J]. 企业经济, 2015, (1): 11 - 16.

[142] Adner R, Kapoor R. Value creation in innovation ecosystems: How the structure of technological interdependence affects firm performance in new technology generations [J]. Strategic Management Journal, 2010, 31 (3): 306 - 333.

[143] 吴金希. 创新生态体系的内涵, 特征及其政策含义 [J]. 科学学研究, 2014, 32 (1): 44 - 51.

[144] 梅亮, 陈劲, 刘洋. 创新生态系统: 源起, 知识演进和理论框架 [J]. 科学学研究, 2014, 32 (12): 1771 - 1780.

[145] 李万, 常静, 王敏杰, 等. 创新3.0与创新生态

系统 [J]. 科学学研究, 2014, 32 (12): 1761 –1770.

[146] Iansiti M, Levien R. Strategy as Ecology [J]. Harvard Business Review, 2004 (3): 68 –78.

[147] 陈瑜, 谢富纪. 基于 Lotka – Voterra 模型的光伏产业生态创新系统演化路径的仿生学研究 [J]. 研究与发展管理, 2012, 24 (3): 74 –84.

[148] 龙跃. 后发汽车企业技术研发合作模式及演进路径研究 [J]. 科技进步与对策, 2011, 28 (22): 88 –93.

[149] 张朋柱, 等. 合作博弈理论与应用: 非完全共同利益群体合作管理 [M]. 上海: 上海交通大学出版社, 2006.

[150] Tianguang C. An equivalent condition for stability properties of Lotka – Volterra systems [J]. Physics Letters A. 2007, 368 (3 –4): 235 –237.

[151] 龙跃, 易树平. 制造服务导入下同质汽配供应商合作效应分析 [J]. 科研管理, 2010, 31 (4): 102 –110.

[152] 龙跃. 制造服务博弈及优化研究——以汽车零部件企业为例 [M]. 北京: 经济科学出版社, 2012.

[153] Roeger W I. A nonstandard discretization method for Lotka – Volterra models that preserves periodic solutions [J]. Journal of Difference Equations and Applications, 2005, 11 (8): 721 –733.

[154] 王砚羽，谢伟．电子商务模式模仿者与创新者竞争动态研究——当当网和亚马逊中国竞争演变分析 [J]．科学学与科学技术管理，2013, 34 (6)：44 -51.

[155] 彭巍，郭伟，赵楠，王磊．基于生态位的云制造生态系统主体竞争合作演化模型 [J]．计算机集成制造系统，2015, 21 (3)：840 -847.

[156] Gorovaia N, Windsperger J. The use of knowledge transfer mechanisms in franchising [J]. knowledge and Process Management, 2010, 17 (2)：12 -21.

[157] Zahra S A, George G. Absorptive capacity：a review, reconceptualization, and extension [J]. Academy of Management Review, 2002 (27)：185 -203.

[158] 王斌．知识联盟中知识转移效率作用机理研究 [J]．科研管理，2016, 37 (6)：159 -169.

[159] 赵红丹．临时团队内黏滞知识转移的动力因素——基于扎根理论的探索性研究 [J]．科学学研究，2014, 32 (11)：1705 -1712.

[160] Ben S, Liu C, Madhavan R. DiffuNet：The impact of network structure on diffusion of innovation [J]. European Journal of Innovation Management, 2005, 8 (2)：242 -262.

[161] Cohen W M, Levinthal D A. Absorptive capacity：A

new perspective on learning and innovation [J]. Administrative Science Quarterly, 1990, 35 (1): 128 – 152.

[162] Das, T K, Teng B. A Resource – Based Theory of Strategic Alliances [J]. Journal of management, 2000, 26 (1): 31 – 61.

[163] 王智生, 李慧颖. 基于 Stackelberg 博弈的 R&D 联盟知识转移决策模型 [J]. 科研管理, 2016, 37 (6): 74 – 83.

[164] 王玮, 陈丽华. 技术溢出效应下供应商与政府的研发补贴策略 [J]. 科学学研究, 2015, 33 (3): 363 – 368.

[165] 蔺楠, 覃正, 汪应洛. 基于 Agent 的知识生态系统动力学机制研究 [J]. 科学学研究, 2005 (3): 406 – 409.

[166] Fang S C. The Nature of Knowledge Management: Governing the Organizational Knowledge [J]. Organization and Management, 2008, 1 (2): 1 – 35.

[167] 龙跃, 易树平. 基于成本信息选择性共享的资源联盟 [J]. 计算机集成制造系统, 2009, 15 (7): 1364 – 1373.

[168] 侯光明, 李存金. 管理博弈论 [M]. 北京: 北京理工大学出版社, 2005.

[169] 邓超, 邵新宇, 张毅, 翟瑞仁. 网络化制造中企

业合作的博弈分析 ［J］. 计算机集成制造系统，2006，12 (6)：929 - 934.

　　［170］张维迎. 博弈论与信息经济学 ［M］. 上海：上海人民出版社，上海三联书店，1996.

　　［171］龙跃，易树平. 两阶段决策下物流任务联盟协同管理优化 ［J］. 计算机集成制造系统，2010，16 (4)：801 - 808.

　　［172］张润红，罗荣桂. 基于 Shapley 值法的共同配送利益分配研究 ［J］. 武汉理工大学学报，2008，30 (1)：150 - 153.

　　［173］戴建华，薛恒新. 基于 Shapley 值法的动态联盟伙伴企业利益分配策略 ［J］. 中国管理科学，2004，12 (4)：33 - 36.

　　［174］邓超，邵新宇，张毅，翟瑞仁. 网络化制造中企业合作的博弈分析 ［J］. 计算机集成制造系统，2006，12 (6)：929 - 934.

　　［175］蔡猷花，陈国宏，向小东. 集群供应链链间技术创新博弈分析 ［J］. 中国管理科学，2010，18 (1)：72 - 77.

　　［176］张洪潮，何任. 非对称企业合作创新的进化博弈模型分析 ［J］. 中国管理科学，2010，18 (6)：163 - 170.

　　［177］谢识予. 经济博弈论（第二版）［M］. 上海：复

旦大学出版社, 2002.

[178] Lu J. Analysis on the dynamic complexity of knowledge alliance based on the evolutionary game theory [J]. Financial Science, 2006 (3): 54 – 61.

[179] Miller R E, Blair P D. Input – Output Analysis: Foundation and Extensions [M]. New Jersey: Prentice – Hall. 1985, 10 – 12.

[180] Lu J. Analysis on the dynamic complexity of knowledge alliance based on the evolutionary game theory [J]. Financial Science, 2006 (3): 54 – 61.

后　记

2012 年以来，作者及所在团队的同仁持续对科技政策、创新管理、知识管理、产业技术创新、创新生态系统，以及企业实施创新驱动发展等相关领域进行了持续研究，本书根据作者前期对产业技术创新研究积累以及博士后研究报告修改而成，是对现有研究成果的阶段性集成和总结。

其中，在我博士后研究过程中，得到了众多教授、同事、同学的帮助，凝聚了许多人的心血与厚爱。在此，我衷心感谢对我提供过帮助和支持的人。

首先感谢我的合作导师顾新教授两年来的指导与帮助，顾老师平易近人、治学严谨、学识渊博，用宽广的学术视野、敏锐的学术眼光引导本人跟踪学科发展动态、捕捉学术前沿。导师宽广的胸襟、忘我的工作态度和孜孜以求的敬业精神引领我创新学术研究方式、在创新与创业管理领域不断拓展。在此，向恩师表示学生深深的敬意和衷心的感谢！

感谢四川大学创新与创业管理研究所给我提供了学习、交流、发展的机会和平台，在这里我获得了大量前沿的学术资讯，拓展了学术视野，并通过对接国家创新驱动发展战略和其他学者研究前沿等，在新的领域开展了深入思考和研究，先后获得中国博士后基金面上资助、中国博士后基金特别资助项目，这些项目的资助给了我持续开展学术研究的方向和动力。在学习和研究过程中，感谢四川大学张莉博士、肖进副教授、王涛博士、杨宇轩博士后、陈勇老师、王彦婷师妹、王欢师妹等，以及重庆工商大学同事在学习和工作中的帮助！在出站报告写作过程中，参考了大量国内外相关期刊、学术专著、博士论文等，我已尽可能的在参考文献中列出，在此我对这些文献的作者一并表示感谢！

感谢博士后出站报告的评委杨永忠教授、田益祥教授、邓富民教授、胡知能教授和答辩委员姚乐野教授、毛道维教授、张黎明教授、邵云飞教授、郭强教授，谢谢您们提出的宝贵建议！

在本书的写作过程中，查阅、借鉴和引用了大量文献资料，包括了专著、期刊、政策等，我已尽可能在参考文献中列出，在此我对这些文献资料的作者表示真诚的感谢，书中引用标注如有遗漏，还请海涵。

书稿撰写过程也是对研究生教学改革实践的探索，其中重庆工商大学硕士生赖声裕智等进行大量的资料收集、调研、数据汇总与计算、校稿等工作；另外，在出版本书过程中，得到了中国博士后科学基金项目（2016T90865、2015M572482）、重庆市青年科技人才培养计划项目（cstc2014kjrc-qnrc00003）、重庆市研究生教育教学改革研究项目（yjg153050）资助。

最后，还要感谢经济科学出版社的有关同志，特别是本书编辑李雪女士，正是他们的辛勤工作使得本书减少了许多错误，得以顺利出版。

作者

2017 年 7 月于重庆